Ross Campbell und Gary Chapman
Weil Liebe nie ein Ende hat

Ross Campbell und Gary Chapman

Weil Liebe nie ein Ende hat

Eltern bleiben Eltern,
auch wenn die Kinder groß sind

R. BROCKHAUS VERLAG WUPPERTAL

ABCteam-Bücher erscheinen in folgenden Verlagen:

Aussaat Verlag Neukirchen-Vluyn
R. Brockhaus Verlag Wuppertal
Brunnen Verlag Gießen und Basel
Christliches Verlagshaus Stuttgart
Oncken Verlag Wuppertal und Kassel

Die amerikanische Originalausgabe erschien
unter dem Titel: »Parenting your Adult Child«
bei Northfield Publishing, Chicago
© 1999 by Ross Campbell and Gary Chapman

Deutsch von Barbara Trebing

© der deutschen Ausgabe:
R. Brockhaus Verlag Wuppertal 2001
Umschlag: Dietmar Reichert, Dormagen
Gesamtherstellung: Breklumer Druckerei Manfred Siegel KG
ISBN 3-417-11221-4
Bestell-Nr. 111 221

INHALT

Einleitung: Große Freude ... oder große Sorgen 7

1. Erwachsen und trotzdem Kind? 13
2. Wenn das erwachsene Kind scheitert 25
3. Wenn das Nest sich nicht leert 41
4. Wenn Ihr Kind zurückkommt 61
5. Hindernisse auf dem Weg zur Unabhängigkeit 79
6. Unsere Kinder leben anders 103
7. Von Schwiegermüttern und Großvätern 123
8. Die eigenen Bedürfnisse 141
9. Einander vertrauen – gemeinsam wachsen 161
10. Ein Erbe, das bleibt 183

Anmerkungen 205

*Meinen wunderbaren Kindern
Carey, David und Dale.
Während ihr erwachsen werdet,
wart ihr für mich die besten Lehrer.
Ihr habt mir gezeigt, wie schön es ist, Vater zu sein.*

*Für Shelley und Derek,
meine Kinder und Freunde!*

Einleitung

Große Freude ... oder große Sorgen

Als wir jung waren, war es noch selbstverständlich, dass junge Leute versuchten, »es im Leben zu etwas zu bringen«. Es war auch unser eigener Wunsch. Die Welt wartete auf uns. Sie forderte uns dazu heraus, nach neuen Ufern zu streben und ihr unseren Stempel aufzudrücken. Voller Eifer machten wir uns auf den Weg. Wir wussten, was man von uns erwartete, und waren sicher, dass wir die Erwartungen erfüllen würden.

Heute ist alles anders. Das Leben ist nicht mehr so wohl geordnet. Alles verändert sich, und was die Zukunft bringt, ist ungewiss. Es gibt keine allgemein gültigen Werte mehr. Stattdessen nehmen die ideologischen Konflikte zu. Sitten und Gebräuche, die früher Rahmen und Halt boten, werden in Frage gestellt und haben es schwer, sich zu behaupten. Ein Gefühl der Unsicherheit begleitet junge Leute auf Schritt und Tritt, und viele haben Angst, sind eher pessimistisch und versuchen das Erwachsen- und Unabhängigwerden möglichst lange hinauszuzögern. Und wir Eltern von erwachsenen Kindern fragen uns hin und wieder, was wir tun sollen.

Wenn Sie Eltern eines erwachsenen Kindes sind, dann erleben Sie vielleicht gerade selbst etwas von diesen Erschütterungen, den Anpassungsversuchen und – ab und zu auch – den Freuden.

Bei einem Familientreffen seiner Gemeinde hatte Gary folgende Geschichte erzählt: Er kam vom Flughafen und war schon auf der Autobahn in Richtung Heimat, als ihm plötzlich in den Sinn kam, er könnte noch schnell einen Überraschungsbesuch bei seiner Tochter im nahen College machen. »Mir war klar, dass sie vielleicht nicht in ihrem Zimmer war, aber ich dachte, es wäre eine Schande, es nicht zu versuchen, wo ich schon einmal in der Nähe war. Als ich die

Treppe zum dritten Stock hochstieg, klopfte mein Herz wie wild, und zwar nicht unbedingt vom Treppensteigen, sondern vor Freude über die Überraschung. ›Wenn sie nicht da ist‹, überlegte ich, ›kann ich ihr wenigstens eine Notiz an die Tür klemmen, damit sie weiß, dass ich an sie gedacht habe.‹« Seine Mühe wurde belohnt. Als er anklopfte, »ging die Tür auf und Shelley sagte: ›Dad!‹ Sie war mit ihrer Freundin Lisa dabei, für eine Prüfung zu lernen. Ich nahm sie beide in die Arme, wir plauderten ein Viertelstündchen, dann verabschiedete ich mich, drückte Shelley noch zwanzig Dollar in die Hand und ging.

Nur fünfzehn Minuten. Aber die kurze Begegnung weckte eine Menge Erinnerungen und Gefühle, die mich dann in der folgenden Stunde auf der Heimfahrt begleiteten. Ich sah Shelley als Baby vor mir, das immer lächelte – na ja, nicht ganz. Ich sah sie als Dreijährige auf ihrem Dreirad in der warmen Sonne von Texas, während ich an der Uni für meinen Abschluss büffelte. Ich dachte an den Kindergarten, die erste Klasse. Wie neugierig sie immer gewesen war. Ich dachte an all die Jahre und auch an den Tag, als sie mit zehn Jahren der Familie verkündete, wenn sie erwachsen sei, wolle sie Ärztin werden und den Menschen helfen . . . Nun war sie zwanzig, besuchte das College und absolvierte den Vorbereitungskurs für das Medizinstudium. Sie erfüllte sich ihren Traum. Ich muss gestehen, ich konnte ein paar Freudentränen nicht unterdrücken.«

Auf dem Familientreffen berichteten nach Gary noch ein paar andere Eltern von ihren Erfahrungen mit ihren erwachsenen Kindern und von dem, was sie dabei gerade durchmachten. Dabei wurde Gary zum ersten Mal bewusst, dass erwachsene Kinder ihren Eltern nicht nur Freude bereiten können. Besonders die Worte eines Vaters sind ihm noch immer gegenwärtig:

»Unser dreiundzwanzigjähriger Sohn Shawn ist wegen Drogenhandels im Gefängnis. Wir haben ihn heute Nachmittag besucht, und das Herz ist uns schwer. Auf der einen Seite machen wir uns selbst Vorwürfe. Vor allem ich, weil ich immer so beschäftigt war, als er noch klein war. Ich habe das Gefühl, dass ich mir nicht genug Zeit für ihn genommen habe. Auf der anderen Seite wissen wir, dass er selbst für sich verantwortlich ist. Aber egal, wer letztendlich schuld ist, es tut auf jeden Fall weh, dass er im Gefängnis ist.«

Ihre erwachsenen Kinder können Ihnen große Freude bereiten oder große Sorgen. Das ist uns beim Schreiben dieses Buches bewusst. Deshalb schreiben wir für Sie: für die Eltern von erwachsenen Kindern und die Eltern heranwachsender Kinder. In den vergangenen dreißig Jahren haben wir beide versucht, Einzelpersonen und Familien zu helfen, mit dem Stress des modernen Lebens fertig zu werden; Ross Campbell als Psychiater mit dem Spezialgebiet Kinder- und Familienpraxis, Gary Chapman als Ehe- und Familienberater und Pastor. Wir schöpfen aus den Erfahrungen mit Hunderten von Familien, die wir im Laufe der Jahre begleitet haben, und auch aus dem, was wir in unseren eigenen Familien erlebt haben. Auch unsere Kinder sind inzwischen erwachsen. Ross hat zwei Töchter und zwei Söhne; Gary einen unverheirateten Sohn und seine Tochter Shelley, die inzwischen verheiratet (und als Frauenärztin der Stolz ihres Vaters) ist und ihr erstes Kind erwartet.

Es ist uns bewusst, dass es Tausende von Shawns und Shelleys gibt. Manche haben ihre Träume verwirklichen können, andere sind vom Weg abgekommen. Als Eltern und Therapeuten haben wir miterlebt, dass es Eltern immer schwerer fällt, ihre Kinder auf das Leben als Erwachsene vorzubereiten. Und dass sie sich später, wenn die Kinder dann endlich erwachsen sind, wieder neuen Problemen gegenübersehen. Allen Eltern, die diese Situation kennen, möchten wir gern ein wenig Hilfe und ein paar Gedankenanstöße geben.

Wir wollen Verständnis dafür wecken, wie die Ereignisse der heutigen Zeit – und auch die von gestern und vorgestern – die junge

Generation prägen und formen. Wir wollen uns auch ansehen, wie Eltern sich verhalten können, wenn erwachsene Kinder zu Hause leben – ob der Zwanzigjährige, der während des Studiums oder der Stellensuche bei den Eltern wohnt, oder die Kinder, die erst Jahre später zurückkommen.

Die Entscheidungen, die unsere Kinder treffen, können uns befremdlich erscheinen, besonders wo es um die Bereiche Sexualität und Religion geht. Und diese Spannungen können zu Streit, ja sogar zu Entfremdung führen. Wie wir als Eltern reagieren, kann einen entscheidenden Einfluss auf das Leben unserer Kinder und auf unsere Beziehung zu ihnen haben. (Siehe dazu vor allem Kapitel 6.)

Wir werden auch untersuchen, wie die Beziehung zu unseren erwachsenen Kindern sich verändert, wenn wir zu Schwiegereltern und später zu Großeltern werden. Was für Ratschläge können wir ihnen geben? Sollen wir überhaupt etwas sagen? Die meisten Großeltern stehen vor dem Dilemma, dass sie zwei Generationen helfen sollen, aber ohne Partei zu ergreifen oder sich aufzudrängen. Und manche müssen die Erziehung der Enkel sogar selbst übernehmen. Auch darauf werden wir eingehen.

Wir schreiben beide aus christlicher Sicht. Wo es uns angemessen erscheint, beziehen wir uns darum auf die Bibel, das Alte wie auch das Neue Testament. Wir hoffen aber, dass auch Nichtchristen aus diesem Buch ein paar praktische Anregungen erhalten können für den Umgang mit ihren erwachsenen Kindern. Denn aus welchem religiösen Umfeld oder welcher Kultur wir auch kommen, die Frage, wie wir zu unseren erwachsenen Kindern eine positive Beziehung pflegen können, ohne unsere geistige oder seelische Gesundheit zu opfern, stellt sich überall.

Beispiele aus unserer Praxis, aus Untersuchungen an Familien und aus unserem eigenen Erleben als Eltern sollen aus diesem Buch einen ganz praktischen Leitfaden machen, der hilft, die Beziehung zwischen den jungen Erwachsenen und ihren Eltern zu festigen.

Als Eltern können wir nicht unbeteiligt bleiben. Jemand hat einmal gesagt: »Wer sich für das Elternsein entscheidet, der entscheidet sich dafür, dass ihm für den Rest seines Lebens das Herz aus dem Leib gerissen wird.« Wir können als Eltern gar nicht gleichgültig sein, weil die Kinder ein Teil von uns selbst sind. Die Frage ist nur: »Wie lenke ich meine Anteilnahme und mein Interesse in die richtigen Bahnen?« Darum geht es in diesem Buch.

1. Erwachsen und trotzdem Kind?

Denken wir einmal zurück an das Jahr 1959. Die Autos hatten Heckflossen, das Fernsehen sendete noch in Schwarz und Weiß und Frauen trugen keine Hosen, sondern Petticoats. Die meisten würden heute sagen, das Leben sei damals einfacher gewesen. Auf jeden Fall war es vorhersagbarer. Der Ablauf war klar – man ging in die Schule und dann begann man eine Lehre; manche gingen auch zur Uni. Die Jungen absolvierten ihren Militärdienst. Ob Studium oder nicht, der Schritt in die Berufstätigkeit und damit in die Unabhängigkeit war vorgezeichnet. Sobald man etwas Geld verdiente, zog man von zu Hause aus und begann für die Zukunft zu sparen, für die Hochzeit und die eigene Familie.

Das war vor vierzig Jahren. In der Regel wohnten die erwachsenen Kinder in der Nähe ihrer Eltern. Nach der Heirat (und man heiratete relativ jung) kam das junge Paar am Sonntag oder an Feiertagen zum Mittagessen oder Kaffee nach Hause, auch wenn es sonst sein eigenes Leben führte. Man sah die Enkel heranwachsen, und später siedelte man selbst zu einem der Kinder über oder (seltener) ins Altersheim, wo dann Kinder und Enkelkinder mehr oder weniger regelmäßig zu Besuch kamen. Jeder kannte seine Rolle und spielte sie, so gut er konnte. Man war nicht immer glücklich, aber im Großen und Ganzen verlief das Leben in festen Bahnen.

Die Zeiten ändern sich

Vor vierzig Jahren hätten wir dieses Buch nicht zu schreiben brauchen. Aber die Zeiten haben sich geändert, und es gibt nichts Vorhersagbares mehr. Es begann mit den turbulenten Sechzigern, die alles, was bislang so selbstverständlich schien, in Frage stellten. Die

Pille setzte das in Gang, was als sexuelle Revolution bekannt wurde. Von den Universitäten der westlichen Welt gingen Jugendproteste aus, die jede Autorität in Frage stellten. Die Gesellschaft wurde mobil, und man zog häufiger um (meist aus beruflichen Gründen). Heute muss man immer mit Veränderungen rechnen, und manchmal wünschen wir uns die alten Zeiten zurück, in denen alles so klar war, die Zeiten vor 1968 und den sozialen Umwälzungen, vor der sexuellen Revolution und der Auflehnung gegen alle Tradition.

Nirgends hinterließen die Veränderungen so deutliche Spuren wie in den Familien; vor allem den Eltern der Babyboom-Kinder und den Eltern jener rätselhaften jungen Leute, die wir die Generation X nennen, wurden sie schmerzlich bewusst. Als Veränderungen, die in besonderem Maße das Familienleben betreffen, sind zu nennen:

1. Erwachsene Kinder leben heute oft mehr als hundert Kilometer von der Familie entfernt.
2. Die Eltern sind froh, wenn sie die Kinder wenigstens einmal im Jahr an einem der hohen Feiertage sehen. Von einem regelmäßigen Sonntagsbesuch kann meist keine Rede mehr sein.
3. Viele erwachsene Kinder sind schon Ende zwanzig oder Anfang dreißig, wenn sie heiraten.
4. Manche erwachsene Kinder leben mit ihrem Partner zusammen und teilen das Bett und manchmal auch das Konto mit ihm, ohne zu heiraten. Die Ehe erscheint ihnen als zu großes Risiko, zumindest für den Augenblick.
5. Erwachsene Kinder legen größeren Wert auf Freizeit als ihre Eltern und sind ihrer Arbeitsstelle nicht mehr so verbunden.

Es wäre leicht, die Schuld an diesen Veränderungen und den ungewissen Zeiten allein auf die äußeren Umstände zu schieben, auf die wir keinen Einfluss haben. Dabei müssten viele der heutigen Eltern nur einmal einen Blick zurück auf ihr eigenes Leben in den sechziger und siebziger Jahren werfen und auf das Verhalten ihrer eigenen Eltern. Denn bereits damals fühlte man sich nicht länger verpflichtet, eine Ehe aufrechtzuerhalten, die nicht mehr die erhoffte Befriedigung brachte. Schon damals waren viele junge Leute der Meinung, Sex sei etwas viel zu Schönes, um ihn auf die Ehe zu beschränken, und wechselnde Partner seien der Trend der Zukunft. Drogenkonsum als Freizeitvergnügen und sexuelle Experimente zogen viele in ihren Bann und wurden nicht mehr sozial geächtet. Bald wurden bislang anerkannte moralische Wertvorstellungen in Frage gestellt und schließlich ganz über Bord geworfen. Die Familie geriet in den heftigen Stürmen immer mehr ins Schleudern und blieb nicht unbeschädigt.

Zu den Opfern dieser Entwicklung zählen die heute rund 40 Prozent junger Erwachsener, die in kaputten Familien aufgewachsen sind. Dazu gehören auch die Millionen so genannter Schlüsselkinder, die nach der Schule allein zu Hause saßen, weil beide Eltern berufstätig waren. Diese Kinder wurden oft mehr herumgeschubst und »verwaltet« als erzogen. Sie und ihre Freunde beobachteten, wie die Eltern und andere Erwachsene lebten, und sie kamen dabei zu Schlüssen, die ihren Eltern später großes Kopfzerbrechen bereiteten.

Heute fragen wir Eltern uns, wie wir mit unseren Kindern umgehen sollen. Gibt es überhaupt noch eine feste Elternrolle? Wenn ja, dann gibt es allerdings nicht mehr viele Eltern, die sie gut genug beherrschen, um den Erfolg zu garantieren. Es *gibt* Rollen, die Eltern im Leben ihrer erwachsenen Kinder spielen können und sollten, wie wir in diesem Buch zeigen wollen. Damit wir sie spielen können, müssen wir aber unsere Kinder besser verstehen. Dazu wollen wir uns zunächst die Verhaltensmuster ansehen, die bei den heute erwachsenen Kindern vorherrschen.

Einstellung zu Arbeit und Freizeit

Ein Bereich, der viele Eltern verunsichert, ist die veränderte Einstellung ihrer Kinder zur Arbeit. »Viele junge Erwachsene betrachten ihre Eltern als Workaholics. Sie sehen, wie die Erwachsenen sich fast zu Tode arbeiten, nur um dann entlassen und wegrationalisiert zu werden. Außerdem tritt gerade die erste Welle der Schlüsselkinder ins Berufsleben ein, und sie wollen sich bei der Arbeit nicht so verausgaben wie ihre Eltern.«[1]

So ähnlich hörte ich es auch unlängst während einer Pause auf einer medizinischen Konferenz. Die Konferenz widmete sich der Frage, wie man im amerikanischen Gesundheitssystem als gläubiger Arzt eine Nische finden kann. Die meisten der anwesenden Mediziner waren Anfang vierzig, also noch relativ jung, wenn auch nicht mehr unbedingt als junge Erwachsene zu bezeichnen.

Am letzten Tag der Konferenz saß ich mit elf anderen Ärzten an einem Tisch, als einer von ihnen mich fragte: »Ross, wieso sind die Leute Ihrer Generation so arbeitswütig?«

»Wie meinen Sie das?«, fragte ich zurück.

In seiner Stimme schwang ein etwas ärgerlicher Unterton mit: »Ihr arbeitet alle so schwer und macht viele Überstunden. Damit habt ihr einen Standard gesetzt, der uns Junge ziemlich alt aussehen lässt.«

Ich war leicht schockiert, so etwas aus dem Mund eines Arztes zu vernehmen, und erwiderte: »Sie meinen, Sie wollen nicht so viel arbeiten?«

»Nein, das nicht. Es macht mir nichts aus, schwer zu arbeiten. Aber nicht so verbissen wie eure Generation. Ihr kennt doch praktisch nichts anderes als eure Arbeit.«

Zu meiner Überraschung stimmten die anderen am Tisch ihm alle zu. Ich war zunächst ein bisschen verärgert über meine jungen Kollegen. Doch als ich darüber nachdachte, was John gesagt hatte, musste ich zugeben, dass er nicht ganz Unrecht hatte. Es stimmt, meine Generation neigt dazu, der Arbeit ein paar wichtige andere Bereiche des Lebens zu opfern.

John erklärte, dass er gern mehr Zeit für Frau und Kinder hätte, als er jetzt als Kassenarzt zur Verfügung hat.

Ich dachte zurück an meine eigene Zeit als junger Arzt und Familienvater und musste zugeben, dass an seinen Worten eine Menge dran war – und dabei war ich damals nicht einmal so durch das öffentliche System eingebunden.

Viele junge Leute wollen heute einen ähnlichen Lebensstil pflegen wie ihre Eltern, und zwar von Anfang an. Doch die Zahl der gut bezahlten Jobs hat abgenommen. Auf dem wachsenden Dienstleistungssektor sind die Löhne nicht besonders hoch. Das bedeutet, dass immer mehr gut ausgebildete junge Leute sich die wenigen gut bezahlten Stellen streitig machen.

Die jungen Erwachsenen haben vielleicht miterlebt, wie ihr Vater in seinem ganzen Berufsleben einem oder zwei Arbeitgebern treu blieb. Das ist heute kaum noch möglich. Firmentreue gehört weitgehend der Vergangenheit an. Technik und Globalisierung haben zu Personalabbau und größerer Konkurrenz geführt.

Die jungen Leute von heute wollen jetzt schon gut leben. Sie wollen reisen, Hobbys pflegen und Sport treiben. Sie wollen Beziehungen, die befriedigen, und die Freiheit, Neues zu erforschen und auszuprobieren. Sie haben nicht viel Geduld, und die Vorstellung, erst einmal ein paar Jahrzehnte arbeiten zu müssen, um den Lebensstil zu erreichen, den ihre Eltern genießen, ist ihnen fremd.

Das ist für unsere Gesellschaft und auch unsere Familien heute vielleicht eines der verwirrendsten Probleme. Die erwachsenen Kinder haben gesehen, wie ihre Eltern die meiste Zeit ihres Lebens der Arbeit geopfert haben und Familie und Freizeit darüber häufig zu kurz gekommen sind. Und dann, wenn eigentlich die Belohnung hätte kommen sollen, wurden sie entlassen oder in den Vorruhestand geschickt. Die Eltern, die so viel gearbeitet haben, sind dadurch verunsichert und quälen sich außerdem mit Schuldgefühlen, weil sie ihre Kinder vernachlässigt haben, als die noch klein waren.

Einstellung zur elterlichen Hilfe

Viele erwachsene Kinder sind in hohem Maße von ihren Eltern abhängig. Der älteren Generation ist das fremd. Vielleicht ist diese Tatsache ein stummer Hinweis darauf, dass die Kinder, als sie jünger waren, nicht genug Zeit, Aufmerksamkeit oder Zuwendung erhalten haben. Vielleicht kommt darin auch etwas von ihrer Verunsicherung beim Eintritt ins Erwachsenenalter zum Ausdruck. Wenn sie die Eltern um Hilfe bitten, dann scheint es, als wollten sie sagen: »Ich brauche euch noch.«

Bei manchen zeigt sich das daran, dass sie von Mama und Papa die finanzielle Unterstützung bestimmter Lebensbereiche erwarten. An den Unis kursiert eine Postkarte mit der Aufschrift: »Wollt ihr euren Sohn noch retten, schickt ihm Geld und Zigaretten.«

Andere verlangen von ihren Eltern, dass sie immer Zeit haben oder sich um die Betreuung der eigenen kleinen Kinder kümmern. Vielleicht äußert sich darin vor allem der unausgesprochene Wunsch nach mehr persönlichem Kontakt, nach mehr Zuwendung oder Anteilnahme.

Manche Eltern fühlen sich von diesen Ansprüchen überrumpelt oder überfordert. Eine Bekannte von mir fragte ihre Tochter neulich am Telefon: »Liebling, ich rufe an, weil ich dich fragen wollte, ob wir eure Kinder heute Abend zu euch bringen könnten und ihr selbst auf sie aufpasst. Papa und ich sind zum Essen eingeladen.« Diese Großmutter brauchte wohl ein bisschen Erholung.

Schuldgefühle und fehlende Nähe

Viele junge Erwachsene gehören zur »eiligen« Generation. Da immer mehr ihrer Mütter einen Beruf ergriffen und gleichzeitig die Scheidungsrate stieg, wurden sie, als sie noch klein waren, möglichst schnell von zu Hause zur Oma geschafft und später dann von der Schule zur Tagesmutter. Das Familienleben war hektisch, und die seelischen Bedürfnisse der Kinder wurden dabei häufig vernachlässigt. Wenn das den jungen Leuten bewusst wird, kann es sein, dass sie später einen tiefen Groll gegen ihre Eltern hegen. Ihr Verhalten legt manchmal den Verdacht nahe, sie wollten nun die Eltern strafen oder wenigstens die Zeit einfordern, die ihnen damals nicht gegönnt wurde.

Eltern wiederum, die wissen, dass sie ihren Kindern nicht genug Zeit oder Aufmerksamkeit gewidmet haben, empfinden nun womöglich Schuldgefühle. Das aber hindert sie daran, richtig auf die Bedürfnisse ihrer erwachsenen Kinder zu reagieren.

Andererseits meiden viele erwachsene Kinder, die sich eigentlich mehr Zuwendung von Mutter und Vater wünschen, das elterliche Zuhause, weil sie den Komplikationen des Familienlebens aus dem Weg gehen wollen. Als Garys Sohn Derek an der Universität war, erzählte er an Weihnachten einmal: »Fünf meiner besten Freunde sind über die Feiertage nicht nach Hause gefahren. Ihre Eltern sind geschieden, und es ist ihnen zu kompliziert, sich um beide einzeln kümmern zu müssen. Sie haben das Gefühl, sie hätten gar kein Zuhause und keine Familie mehr. Deshalb sind sie lieber im Wohnheim geblieben.«

Junge Erwachsene heute

Die Generation X[2]

Wenn Sie Ihr eigenes Kind nicht mehr verstehen, kann es hilfreich sein zu wissen, wie die jungen Leute denken und fühlen.

Viele Arbeitgeber beklagen zum Beispiel, dass die Zusammenarbeit mit Leuten aus der »Generation X« wegen ihres Verhaltens, vor allem gegenüber Autoritäten, schwierig ist. Dabei kann man im Allgemeinen die folgenden Argumente hören:

- Sie sind arrogant.
- Sie erwarten ein hohes Gehalt, ohne über das entsprechende Wissen oder die nötige Erfahrung zu verfügen.
- Sie hören nicht hin, arbeiten nicht sorgfältig und oft ohne Interesse.
- Sie lassen sich nicht gern etwas sagen.
- Sie haben keinen Respekt vor der Erfahrung der älteren Mitarbeiter.
- Sie sind nicht zuverlässig.
- Sie zeigen meist indirekt, wenn sie sich über etwas ärgern – sie arbeiten langsamer und ungenau oder hintergehen ihren Arbeitgeber.

Viele Lehrer sehen das ähnlich und können kaum den Tag ihrer Pensionierung erwarten, an dem sie endlich nichts mehr mit diesen jungen Leuten zu tun haben. Sie beschweren sich darüber, dass die Schüler 1. im großen Rahmen betrügen; 2. nicht bereit sind, in ihrer Klasse Verantwortung zu übernehmen; 3. sich den Lehrern gegenüber aggressiv verhalten; 4. Kurse schwänzen; 5. sich alle möglichen Ausreden einfallen lassen, warum sie die Hausaufgaben nicht gemacht haben.

Ein reifer Mensch ist bereit, Verantwortung für sein Handeln zu übernehmen und die Konsequenzen seines Verhaltens zu tragen. Bei den jungen Leuten der Generation X ist nach Ansicht vieler Arbeitgeber und Lehrer beides nicht der Fall.

Viele dieser jungen Leute werden mit zunehmendem Alter aber trotzdem reifer, auch in ihrer Einstellung zu der Kultur, in der sie aufgewachsen sind. Es ist wohl nicht so sehr eine Charakterfrage. Sie brauchen einfach länger, um erwachsen zu werden. In früheren Generationen waren die jungen Leute meist schon im Alter zwischen achtzehn und einundzwanzig Jahren bereit, Verantwortung für ihr Leben zu übernehmen. Die Generation X reift langsamer, und manche sind heute erst mit Anfang dreißig soweit.

Die Gründe dafür sind letztlich nicht so wesentlich, und wir sollten die Kinder der Generation X auch nicht dafür kritisieren, dass sie auf den Druck (und die Ablenkungen) der Gesellschaft und ihrer Eltern reagieren. Tatsache ist, dass ihr Eintritt ins Erwachsensein mit Verzögerung geschieht. Und das stellt uns vor die Frage: Was ist das eigentlich – erwachsen sein?

Über das Erwachsensein

In der westlichen Gesellschaft gab es bislang klare Zeitpunkte und Rituale, die den Übergang zum Erwachsenen markierten – den Schulabschluss, den Berufseintritt, die Heirat, die ersten Kinder, das eigene Haus, die feste Arbeitsstelle. Dazu sagt Ross E. Goldstein, ein Spezialist für Generationenfragen:

Vielleicht ist es an der Zeit, die Bedeutung des Wortes »erwachsen« neu zu definieren. Wenn wir weiter denselben Maßstab anlegen wie bei den Kindern des Babybooms, dann werden wir unter Umständen zu dem Ergebnis kommen, dass die Generation X nie erwachsen wird.[3]

Es ist nicht das erste Mal, dass in unserer Gesellschaft der Begriff »erwachsen« angepasst werden muss. Als der Besuch einer weiterführenden Schule für viele die Regel wurde, begann auch der Aufschub des Erwachsenwerdens. Das Heiraten wurde hinausgeschoben, man bekam später Kinder, und auch der Einstieg in den Beruf verzögerte sich.

Wenn die Generation X heute aus der Schule kommt, dann ist sie meist noch nicht bereit, sich auf eine feste Stelle und eine eigene Familie einzulassen. Diese Unfähigkeit oder auch Zurückhaltung schafft eine neue Lebensphase zwischen der Abhängigkeit der Kindheit und der Unabhängigkeit des Erwachsenenalters. Und manche meinen, das sei Absicht. Berufsberaterin Rebecca Haddock zum Beispiel hat festgestellt: »Viele der Schüler, mit denen ich arbeite, haben vor, nach dem College wieder zu den Eltern zu ziehen. Sie betrachten das nicht als letzte Rettung. Es ist ein Teil ihrer Lebensplanung.«[4]

Diese jungen Leute kann man in zwei Gruppen einteilen: die Strategen und die Unsicheren. Die Strategen nehmen sich vor, so lange zu Hause zu wohnen, bis sie heiraten und eine Familie gründen wollen. Die Unsicheren gehen einfach wieder nach Hause. Sie wollen sich nicht allein durchschlagen und brauchen die Sicherheit des Elternhauses.

Eine Frage der Erwartungshaltung

Was erwartet ein Mensch vom Leben? Gute Frage. Alles, was wir bislang erörtert haben, ist eine Frage der Erwartungshaltung. Die Erwartungen von uns Eltern unterscheiden sich grundlegend von denen unserer erwachsenen Kinder. Was für uns wie Versagen oder Unreife aussieht, mag für sie ganz anders wirken. Sie empfinden ihr Handeln vielleicht als sorgfältig geplant, als ganz normalen und notwendigen Schritt zum Erreichen ihrer Ziele.

Diese unterschiedlichen Betrachtungsweisen bergen vielleicht nicht so viel Zündstoff, wenn unsere Erwartungen nur unser eigenes Leben betreffen. Wenn sie sich aber auf unsere Kinder beziehen und sie unter Druck setzen, dann stehen Probleme ins Haus. Und wenn unsere Kinder von uns bestimmte Dinge erwarten, die wir zu geben nicht fähig oder willens sind, dann fühlen auch wir uns unter Druck gesetzt. Wo all das nicht offen ausgesprochen wird, da schaukelt sich die Situation hoch, und es kommt zu Auseinandersetzungen.

So rechnen die meisten Eltern zum Beispiel damit, dass sie wieder mehr Zeit für sich selbst haben, wenn die Kinder aus dem Haus sind. Stattdessen fühlen sie sich oft ausgenutzt. Sie müssen erleben, dass die Kinder während der Berufsausbildung oder des Studiums keine Anstalten machen, das Nest zu verlassen. Und auch wenn erwachsene Kinder heiraten und ihren eigenen Haushalt gründen, müssen die Eltern sich noch um den Nachwuchs kümmern. Ein

Vater sagte einmal: »Ich dachte, wenn die Kinder groß sind, würden sie selbst für sich sorgen. Aber nein. Seit sie verheiratet sind und eigene Kinder haben, müssen meine Frau und ich uns nur um noch mehr Leute kümmern.« Die betreffende Familie war sehr stabil und gesund. Der Vater wollte nicht sagen, dass die Kinder alle wieder nach Hause gekommen seien; er hatte nur nicht erwartet, dass sie auf Dauer emotional so abhängig vom Elternhaus sein würden.

Auch andere enttäuschte Erwartungen können zu Auseinandersetzungen mit den erwachsenen Kindern führen. Vielleicht sind Sie enttäuscht, frustriert oder besorgt, weil Ihre Kinder in der Schule oder Ausbildung nicht zurechtkommen; weil sie nicht mit dem Geld oder ihrer Zeit umgehen können; weil sie zwar einen Abschluss machen, dann aber wieder nach Hause zurückkehren, um sich erst einmal »zurechtzufinden«; weil die Ehe nach ein paar Jahren in der Scheidung mündet und sie nun womöglich mit einem oder zwei Kindern wieder zu den Eltern ziehen; weil sie über ihre Verhältnisse leben oder im Blick auf Beruf oder Lebensstil Entscheidungen treffen, die direkt in die Katastrophe führen.

Was wollen die erwachsenen Kinder?

Trotz der tief greifenden Veränderungen, denen viele Familien in den vergangenen vierzig Jahren ausgesetzt waren, sehen wir am Horizont einen Hoffnungsschimmer. Es gibt noch immer viele Eltern und Kinder, die den Entwicklungsprozess gut bewältigen und sich über das neue Verhältnis freuen, das sie zueinander finden. Manche Eltern sind tatsächlich gern mit ihren erwachsenen Kindern zusammen. Und in einer neueren Umfrage unter jungen Leuten zwischen zwanzig und dreißig gaben 87 Prozent an, sie hätten vor, nur einmal zu heiraten. Sie wollen, dass ihre Ehe und das Familienleben ein Erfolg wird.

Bei der Frage, was ihnen wichtiger sei, das Privatleben oder der Beruf, entschieden sich 64 Prozent für das Privatleben.[5] Unsere Kinder machen sich also genauso Gedanken um ihre Zukunft wie wir, und wie wir ringen sie um die richtigen Entscheidungen. John Hawkins, der Gründer von »Leadership Edge«, einer Organisation zur Förderung von Leiterschaft, beschreibt den Konflikt der jungen Leute folgendermaßen:

> Diese Generation ist hin- und hergerissen zwischen den Anforderungen des Berufs und den Wünschen und Bedürfnissen von Ehepartner und Familie. Sie will die Fehler ihrer Elterngeneration vermeiden: Arbeitssucht, hohe Scheidungsraten und Vernachlässigung der Familie. Die jungen Leute wollen in beiden Lebensbereichen das Beste erreichen und liegen ständig im Kampf mit der Wirklichkeit und den Anforderungen dieser beiden Lebensbereiche.[6]

Weil diese Wünsche in den Herzen und Köpfen der jungen Leute auftauchen, können wir auf eine positivere Zukunft für Ehe und Familie hoffen. Als Eltern dieser jungen Leute sollten wir alles daransetzen, ihnen zur Seite zu stehen, wenn sie uns um Hilfe bitten. Wir dürfen ihre Wünsche nicht ignorieren.

2. Wenn das erwachsene Kind scheitert

Barbara ist ziemlich sauer. Ihr zweiundzwanzigjähriger Sohn hat im Mai die Uni abgeschlossen und dann erst einmal den Sommer genossen. Jetzt ist Oktober, und Philipp hat immer noch nicht nach Arbeit Ausschau gehalten. Er verbringt die Abende mit Freunden, kommt erst nach Mitternacht nach Hause und verschläft dann den halben Vormittag. An manchen Tagen sitzt er noch zu Hause herum, wenn Barbara aus dem Büro kommt. Dann unterhalten sie sich ein Weilchen, und anschließend macht er sich wieder auf den Weg zu seinen Freunden.

Im Sommer hat sich Barbara noch nicht daran gestört. Nach den Jahren an der Uni, dachte sie, braucht er mal eine Pause. Aber inzwischen ist der Sommer schon lange vorbei, und allmählich macht sie sich Sorgen. Oft überlegt sie, was er wohl vorhat. Aber wenn sie Philipp danach fragt, erwidert er nur: »Ich weiß nicht.« Einmal erzählte er von seinem Freund Brian, der in Budapest Englisch als Fremdsprache unterrichtet. Vielleicht, so sagt er, will er Brian besuchen und eine Zeit lang bei ihm »abhängen«.

»Woher willst du das Geld dafür nehmen?«, hat ihn Barbara gefragt.

»Ich kann doch arbeiten. Das ist kein Problem.«

Barbara fasste Mut. In der letzten Zeit hat Philipp aber nicht mehr von Brian gesprochen.

Barbara begreift nicht, wieso ihr Sohn nicht versucht, einen Job zu finden, um endlich Geld zu verdienen, vielleicht eine Wohnung zu mieten und »auf eigenen Füßen« zu stehen. Wenn sie mit ihm darüber redet, dass er doch unabhängig werden sollte, empfindet sie seine Reaktionen jedes Mal als sehr beunruhigend.

»Wieso? Wieso soll ich mich denn jetzt schon zu einer geregelten Arbeit zwingen lassen?«, lautet eine typische Antwort. »Später vielleicht, falls ich einmal eine Familie habe. Aber jetzt auf keinen Fall. Jetzt will ich erst mal was vom Leben haben, Erfahrungen sammeln, lesen, nachdenken, meditieren.«

Barbaras Mann hat die Familie schon vor vielen Jahren verlassen. Philipp sieht ihn nicht sehr häufig. Wenn die beiden einmal zusammenkommen, dann endet die Begegnung jedes Mal in einem Streit über Philipps Zukunft, vor allem weil sein Vater einen Teil des Studiums finanziert hat. Deshalb findet Philipp es zurzeit besser, seinem Vater möglichst aus dem Weg zu gehen. Er weiß zwar, dass seine Mutter dieselben Fragen bewegen, aber wenigstens streitet sie nicht mit ihm.

Eltern im Dilemma

Philipps Eltern stehen stellvertretend für Millionen, die schlichtweg nicht mehr begreifen, was ihnen geschieht. Sie lieben ihre Kinder und haben alles für sie getan, was ihnen im Rahmen der eigenen, unvollkommenen Umstände möglich war. Und jetzt, wo diese Kinder eigentlich erwachsen sein sollten, verhalten sie sich nicht so, wie man es von Erwachsenen erwarten würde.

Vielleicht geht es Ihnen genauso. Dabei müssen Sie in einer solchen Situation nicht nur mit dem Kind klarkommen, sondern auch mit sich selbst. Wenn Sie sich einmal die Zeit zum Nachdenken nehmen, dann entdecken Sie, dass sogar Ihre eigenen Gefühle, was das Verhältnis zu Ihrem Kind betrifft, im Widerstreit liegen. Bis zu einem gewissen Grad ist das bei allen Eltern so. Bei Ihnen allerdings werden diese Gefühle im Moment durch das Verhalten Ihres Kindes noch verstärkt. Neben der Liebe zu Ihrem erwachsenen Kind und all den Hoffnungen, die Sie für seine Zukunft hegen, sind da auch Schuldgefühle und Ängste, was Ihre Rolle als Eltern angeht. Vielleicht fragen Sie sich: »Was habe ich nur falsch gemacht?« Unter Umständen haben Sie sogar ein bestimmtes Ereignis vor Augen und überlegen nun, ob es womöglich der Auslöser dafür war, dass Ihr Kind aus der Bahn geraten ist.

Weil solche Ängste und Schuldgefühle die Beziehung zu Ihrem erwachsenen Kind zusätzlich belasten können, ist es wichtig, dass Sie sich selbst und Ihre Gefühle verstehen. Sonst machen Sie die Probleme nur noch größer und lassen sich vielleicht zu Dingen hinreißen, die Sie später bereuen. Zwei falsche Reaktionen sind möglich, wo Angst und Schuldgefühle zusammenkommen.

Übermäßige Toleranz

Auf der einen Seite haben wir die Tendenz zu übermäßiger Toleranz. Sie zeigt sich da, wo die Eltern wegen Fehlern der Vergangenheit solche Schuldgefühle entwickeln, dass sie sich von ihrem erwachsenen Kind manipulieren lassen und auch unvernünftigen Forderungen nachgeben. Fred und Franziska haben einen Sohn, Tom. Nach dem Studium nahm er in der Nähe der Uni einen Job an, gab die Stelle aber bereits nach sechs Monaten auf, weil ihm die Arbeit keinen Spaß machte. Er kam zurück nach Hause und wohnt nun schon seit einigen Monaten wieder bei den Eltern. Tom hat nichts gegen seine Eltern und ist, wie es scheint, gern mit ihnen zusammen. Wenn die Familie essen geht, ist es selbstverständlich, dass Fred für alle zahlt. Und wenn Tom um Geld bittet, kann Fred nicht Nein sagen.

Aber Fred wird von Angst und Schuldgefühlen verfolgt. Er meint, er sei kein guter Vater gewesen, und fürchtet, Tom würde es ihm übel nehmen oder depressiv und mutlos werden, wenn er nicht bekäme, was er möchte. Franziska ist da anderer Meinung. Sie findet, Tom sei durchaus in der Lage, für sich selbst zu sorgen, und versucht Fred davon zu überzeugen, dass er ein guter Vater gewesen sei und seine Schuldgefühle im Umgang mit Tom fehl am Platz sind. Außerdem glaubt sie, Toms Selbstbewusstsein werde nicht gefördert, wenn man ihm immer nachgebe. Im Gegenteil, je abhängiger er werde, desto schlechter werde er von sich selbst denken. Schließlich gelingt es Franziska, Fred zum Besuch einer Familientherapie zu überreden, wo sie beide lernen, wie sie ihrem Sohn besser helfen können.

Wut

Angst und Schuldgefühle können das Verhalten der Eltern ihrem erwachsenen Kind gegenüber auch noch auf andere Weise prägen: Die Eltern werden wütend. Sie sind enttäuscht von ihrem Kind und lassen es das auch spüren. Wenn man diese Wut nicht in den Griff kriegt, kann sie großen Schaden anrichten und das Eltern-Kind-Verhältnis sogar auf Dauer belasten.

John und Pamela sind die Eltern der vierundzwanzigjährigen Sandra, die sich ganz ähnlich verhält wie Tom. Der Unterschied besteht darin, dass John so enttäuscht ist über Sandras fehlendes Verantwortungsgefühl, dass er hin und wieder die Beherrschung verliert und sie anbrüllt oder ihr vorwirft, sie wisse ja nicht, was sie wolle. Das kränkt Sandra, und sie redet dann nicht mehr mit ihrem Vater, manchmal tagelang. Je häufiger John seine Wut an Sandra auslässt, desto schlechter wird das Verhältnis zwischen Vater und Tochter. Pamela leidet unsäglich darunter, mit ansehen zu müssen, wie die Kluft zwischen den beiden Menschen, an denen ihr am meisten liegt, sich immer weiter vergrößert. Auch diese Familie braucht Hilfe von außen, bevor es zu einer Entfremdung kommt, die unumkehrbar ist.

Es ist absolut entscheidend, dass wir im Umgang mit unseren erwachsenen Kindern Selbstbeherrschung zeigen. Das macht es unseren Kindern leichter, sich uns mitzuteilen. Außerdem bekommen sie so ein Beispiel für reifes Verhalten. Je besser es Ihnen gelingt, diese schwierige Zeit zu bewältigen, desto besser wird es auch Ihr Kind schaffen. Ihre wichtigste Aufgabe ist es, das Verhältnis zu Ihrem Kind zu pflegen oder noch zu verbessern. Nur so kann es lernen, auch sich selbst zu achten und zu lieben.

Liebe zeigen

Wir alle haben zuweilen eine geringe Meinung von uns selbst. Bei Menschen zwischen achtzehn und fünfunddreißig sind diese Gefühle aber oft besonders stark. Zum Teil liegt das an unserer Gesellschaft, in der es immer weniger auf den Einzelnen ankommt. Gerade hier haben Sie als Eltern eine große Chance. Es liegt in Ihrer Macht, einen lebenslangen Einfluss auf Ihr Kind auszuüben. Ihre Liebe und Zuwendung können dem Kind helfen, zu einem reifen Erwachsenen zu werden.

Wenn Sie gerade auch in schwierigen Phasen in Liebe zu Ihrem Kind stehen, dann ist das kein Zeichen von allzu großer Nachgiebigkeit und es bedeutet auch nicht, dass Sie seine Fehler oder Schwächen gutheißen. Vielmehr helfen Sie ihm dadurch zu reifem Denken und Verhalten. Wenn Sie dagegen lieblos und unfreundlich reagieren, dann machen Sie das Leben nur für alle Beteiligten schwerer.

Sie sind nicht allein

Wenn Sie sich über das Verhalten Ihres Kindes Sorgen machen, dann denken Sie daran, dass Sie mit dem Problem nicht allein dastehen. Mehr als je zuvor haben Eltern heute Schwierigkeiten mit ihren erwachsenen Kindern. Eine Schätzung besagt, dass 40 Prozent der jungen Leute zwischen sechzehn und fünfunddreißig zu abhängig von ihren Eltern sind.[7] Solange diese jungen Leute nicht erwachsen werden, sind sie auch nicht in der Lage, ihre eigenen Kinder richtig zu erziehen. Das wiederum bedeutet, dass viele Großeltern bei der Erziehung der Enkel mit einspringen müssen.

Bleiben Sie objektiv

In Kapitel 1 haben wir einige Kennzeichen der Generation X genannt. Versuchen Sie, diese (und Ihre eigenen Beobachtungen) möglichst sachlich zu betrachten, und bemühen Sie sich zu verstehen, was Ihr Kind vom Leben erwartet und warum seine Erwartungen sich von den Ihren so grundlegend unterscheiden. Das wird Ihnen helfen, Ihre Schuldgefühle und Ängste in Schach zu halten und im Umgang mit Ihrem Kind gelassener zu bleiben.

Es mag auch eine Hilfe sein, wenn Sie sich vor Augen halten, wie sehr die Welt, in der Ihr Kind lebt, sich von der Welt Ihrer Jugend unterscheidet. Damals war alles viel klarer. Die meisten Mütter blieben zu Hause und schufen schon allein dadurch einen stabilen Rahmen für das Familienleben. Die Scheidungsrate war niedrig; die Väter konnten damit rechnen, dass sie langsam aber stetig die Karriereleiter emporklettern würden, und mussten sich nicht vor einer vorzeitigen und abrupten Entlassung fürchten. Dann konnten sie sich auf einen gesicherten Ruhestand freuen.

Die Generation X ist in einer völlig anderen Welt aufgewachsen. Ein großer Teil wurde von nur einem Elternteil großgezogen. Heute wird in Deutschland fast jede zweite Ehe wieder geschieden, der Prozentsatz außerehelicher Kinder steigt ebenfalls kontinuierlich. Immer mehr Mütter arbeiten außer Haus. Die jungen Leute von heute müssen lernen, ständig mit Veränderungen zu rechnen – zu Hause, in der Schule und in der Gesellschaft, und zwar in einem Tempo, das Sie sich, als Sie in demselben Alter waren, niemals hätten vorstellen können.

Seien Sie optimistisch

Doch nicht nur Ihr Kind ist ständigen Veränderungen ausgesetzt. Auch Sie finden sich unter Umständen in einer Situation wieder, mit der Sie so nicht gerechnet hatten: Ihr Kind ist zwar erwachsen, aber es ist noch völlig unreif und darüber hinaus auch untätig. Und Sie fragen sich: »Was soll ich nur tun? Wie kann ich jemandem helfen, der sich benimmt, als sei er nie erwachsen geworden?« In unserer Arbeit als Familientherapeuten erleben wir es häufig, dass junge Erwachsene die in sie gesetzten Erwartungen enttäuschen. In den meisten Fällen können wir aber auch beobachten, dass die Kinder es lernen, erwachsen zu werden und ihre Probleme in den Griff zu bekommen, wenn die Eltern ihnen liebevoll begegnen. (Wir denken dabei auch daran, wie Jesus von Nazareth sich seinen Jüngern gegenüber verhielt. Er schenkte ihnen seine Aufmerksamkeit, er begegnete ihnen mit Verständnis, Rat und Liebe auch da, wo sie zornig, ängstlich oder verwirrt waren.) Auch wenn die Kinder Probleme haben oder an einer bestimmten Stelle im Reifeprozess stecken geblieben sind: Es gibt in jeder Situation Hilfe. Das sollten wir nicht vergessen.

Wir haben darum allen Grund, optimistisch zu sein. Auch wenn die erwachsenen Kinder auf alles Bemühen zunächst einmal negativ zu reagieren scheinen, irgendwann werden sie doch von der Liebe, der Hoffnung und dem Optimismus der Eltern angesteckt. Sie können sich ändern. Und gerade in einer solchen Situation dürfen Eltern sich auch vor Augen halten, dass Gott da ist und sie versteht.[8]

Wie Sie Ihrem Kind zum Erfolg verhelfen

Erinnern Sie sich noch an Barbara und Philipp? Sie sind ein beredtes Beispiel für die ungeheure Kluft, die sich zwischen dem Denken von Eltern und dem ihrer heranwachsenden Kindern aufgetan hat. Barbaras Vorstellung vom Leben ist noch traditionell geprägt. Ihr Sohn sieht die Dinge völlig anders. Seine Generation glaubt begriffen zu haben, dass es keine kulturell oder moralisch verbindlichen Maßstäbe gibt: Reich sein ist nicht erstrebenswerter als Armut. Verheiratet sein macht sicher nicht glücklicher als ein Single-

Dasein. Philipp möchte Beziehungen, darum ist ihm das »Abhängen« mit seinen Freunden so wichtig. Aber er will nicht die Verantwortung übernehmen und sich an einen einzigen Menschen binden, zumindest jetzt noch nicht.

Wie kann Barbara konstruktiv mit Philipp umgehen, ohne dass es zum Streit kommt wie mit dem Vater? Wie soll sie mit der Spannung umgehen, die das Verhältnis zu ihrem Sohn zunehmend belastet? Wir wollen ein paar Wege aufzeigen, wie auch Sie Ihren Kindern begegnen und ihnen helfen können, erwachsen zu werden.

Den Standpunkt des Kindes verstehen

Zunächst sollte Barbara versuchen, die Einstellung ihres Sohnes zum Leben zu verstehen. Dazu gehört die Bereitschaft, Fragen zu stellen und dann zuzuhören, nicht um ein Urteil zu fällen, sondern um wirklich zu begreifen, worum es geht. Sie wird der Lebensphilosophie ihres Sohnes nicht unbedingt zustimmen, aber sie kann sich um Verständnis bemühen, wenn sie aufmerksam hinhört.

Das ist eine Brücke, die viele Eltern nicht beschreiten. Sie sind so auf ihre eigene Sicht fixiert und auf das, was sie für das Beste für ihre Kinder halten, dass es ihnen fast unmöglich ist, die Welt einmal mit den Augen ihrer Kinder zu betrachten.

Dabei sind es im Grunde die Eltern und ihre Altersgenossen, die das Denken der Generation X geprägt haben. Die jungen Leute haben die Scheidungen ihrer Eltern oder die unglücklichen Ehen miterlebt und sind zu dem Schluss gekommen: »Wozu heiraten? Damit machst du dich selbst und die Kinder doch nur unglücklich.« Dann sehen sie sich die Erwachsenen an, die sechzig oder achtzig Stunden in der Woche arbeiten, um es zu Geld und Wohlstand zu bringen, und darüber die Beziehung zur Familie vernachlässigen. »Warum sollten wir so etwas wollen?«, fragen sie sich. Nicht, dass sie eine bessere Lösung hätten – sie geben nur zu, dass sie die Antwort auch nicht wissen. Die Frage nach dem Sinn des Lebens geht auch Philipp und seinen Freunden durch den Kopf, aber sie sind sich nicht sicher, ob es darauf überhaupt eine Antwort gibt. Darum besteht das Leben für Philipp und viele andere darin, sich einfach treiben zu lassen, sozusagen ein bisschen herumzuzappen, sich umzuschauen und vielleicht sogar auf die große Entdeckung zu hoffen, die dem Leben den ultimativen Sinn geben kann.

Wenn Eltern hier eine positive Rolle spielen wollen, dann müssen sie zunächst einmal die Einstellung ihrer Kinder kennen. Wir müssen uns mit dem Denken unserer Kinder vertraut machen und uns eingestehen, dass wir für das Problem zumindest teilweise mitverantwortlich sind.

Verletzlich und echt sein

Zweitens sollte Barbara sich bemühen, Philipp gegenüber offen, echt und verletzlich zu sein. Ihr Kind wird sie dafür achten und bereit sein, auf sie zu hören. Barbara meint zwar, verletzlich sei sie schon, aber sie wird noch einen viel längeren Atem brauchen. Sie und alle, die Kinder in diesem Alter haben, müssen lernen zuzugeben, dass auch wir vom Leben enttäuscht sind und hier und da falsche Entscheidungen getroffen haben. Die eigenen Lebenskämpfe und -fragen ehrlich zuzugeben ist eine Grundvoraussetzung, wenn wir Erkenntnisse weitergeben wollen, die unseren Kindern bei ihrer Sinnsuche helfen können.

Die Haltung »Mama (oder Papa) macht das schon« genügt heute nicht mehr. Davon lassen sich junge Erwachsene nicht überzeugen. Sie müssen erkennen, dass wir gemeinsam mit ihnen auf dem Weg sind und nicht von oben herab auf sie einreden. Unsere Kinder können und werden mit uns diskutieren wie mit ihren Altersgenossen, wenn wir bereit sind, dieselbe offene, vorurteilsfreie Atmosphäre zu schaffen.

Nicht dass die jungen Erwachsenen nicht nach Orientierung suchten. Sie wollen Rat, Ermutigung und Unterstützung, aber von

Menschen, die sie achten und ernst nehmen. Wenn wir Eltern unseren Kindern Mentoren sein wollen, dann müssen wir die Hindernisse wegräumen, die wir zwischen uns aufgerichtet haben, und den Dialog suchen, nicht als die allwissenden Eltern, sondern als Menschen, die auch noch dazulernen. Wir müssen anfangen, unsere Gedanken als Anregungen und nicht als feste Glaubenssätze zu vermitteln. Wenn unsere Kinder in uns jemanden erkennen, der ihnen helfen, nicht jemanden, der über sie bestimmen will, dann sind sie auch eher bereit, auf unsere Vorstellungen einzugehen.

Erkennen, dass unsere Ziele nicht mit denen unserer Kinder übereinstimmen

Drittens muss Barbara akzeptieren, dass ihre Vorstellungen davon, was Philipp tun sollte, nicht mit seinen Zielen übereinstimmen. Sie muss lernen, Philipp als eigenständige Persönlichkeit zu achten, und ihm die Freiheit lassen, seine eigenen Gedanken zu denken, seine eigenen Träume zu träumen und das Leben anders zu gestalten, als sie es tun würde. Genauso verhält sich Gott uns gegenüber. Auch er lässt zu, dass wir unsere eigenen Gedanken denken und unsere eigenen Entscheidungen treffen, selbst dann, wenn sie mit seinen Vorstellungen nicht übereinstimmen.[9] Das bedeutet nicht, dass unsere Gedanken genauso viel Wert haben wie die Gottes. Es heißt aber, dass Gott die Freiheit des Menschen achtet und uns nicht behandelt wie Roboter.

Eltern, die ihren erwachsenen Kindern gegenüber echt sein wollen, sollten immer daran denken: Jeder Mensch hat seine eigenen Vorstellungen und das Recht auf seine eigenen Entscheidungen. Unsere Kinder müssen sich selbst Gedanken über ihre Zukunft machen und ihre eigenen Wege gehen. Und wir müssen lernen, ihre Entscheidungen zu achten, auch wenn sie sich als falsch herausstellen sollten und sie dann die Konsequenzen tragen müssen.

Das offene Gespräch suchen

Viertens sollte Barbara sich bemühen, mit ihrem Sohn in einem ehrlichen Gespräch zu bleiben. Indem sie Philipp Raum lässt zu träumen und selbst zu entscheiden, hat sie den Weg zum Gespräch bereits gebahnt. Nun kann sie mit ihm auch darüber reden, welche Folgen gewisse Entscheidungen nach sich ziehen und wohin manche Dinge ihrer Meinung nach führen. Sie kann ein paar Beispiele aus ihrer eigenen Erfahrung anbringen, weil sie sie nun nicht als Keule benutzt, sondern eher als Scheinwerfer, der ein Licht auf den Weg wirft.

So kann sie Philipp zum Beispiel fragen: »Meinst du, ich helfe dir, wenn ich dich bei mir wohnen lasse, ohne dass du dich an der Miete oder den anderen Unkosten beteiligst? Ich frage dich nicht, um dich zu manipulieren, sondern weil wir beide einmal ehrlich darüber nachdenken sollten, was für uns am besten ist.« Eine solche Frage und die – hoffentlich – folgende Diskussion können zum Beispiel dazu führen, dass man sich darüber unterhält, woher der Inhalt des Kühlschranks kommt. Der Zusammenhang zwischen Arbeit und Essen muss manchem erst klar werden. Barbara könnte ihrem Sohn ruhig einmal zu denken geben, indem sie den Satz aus einem Brief des Paulus an die Gemeinde in Thessalonich zitiert: »Wer nicht arbeitet, soll auch nicht essen.«[10] Bei einem solchen Gespräch erkennt Philipp vielleicht, dass er nicht profitiert, wenn er nicht arbeitet, sondern dass im Gegenteil sein Selbstwertgefühl dadurch eher Schaden nimmt.

Wenn Barbara dann zu der Frage übergeht: »Was meinst du, was bringt es Brian, wenn er in Budapest Englischunterricht gibt?«, dann könnte es durchaus sein, dass Philipp etwas über die Befriedigung äußert, anderen zu helfen. Nun geht es um die Vorstellung, den Sinn des Lebens im Dienen zu finden. Dieses Thema zieht sich letztlich durch alle großen Werke der Weltliteratur und sollte auch in der Generation X eine Reaktion hervorrufen. Unter Umständen ist es genau die Anregung, die Philipp braucht, um seinem Leben neben dem »Abhängen mit Freunden« eine neue Dimension zu geben.

In der Regel bringen solche Gespräche weiter. Sie zeigen, dass wir die Meinung unseres erwachsenen Kindes ernst nehmen; sie helfen uns, unser Kind besser zu verstehen, und dem Kind, sich einmal über die verschiedenen Möglichkeiten Gedanken zu machen, die ihm offen stehen. Wir empfehlen Ihnen deshalb, wo immer möglich das Gespräch zu suchen. Es ist einer monologförmigen Moralpredigt in jedem Fall vorzuziehen.

»Entschlossene Liebe« ist gefragt

Was, wenn Philipp noch immer keine Lust hat, eine Arbeit zu suchen? Dann muss Barbara vielleicht eine andere Methode ausprobieren, die »entschlossene Liebe«. Wenn sie überzeugt ist, dass ihre finanzielle Unterstützung letztlich zu Philipps Schaden ist, und wenn sie bei ihm immer noch keine Bereitschaft erkennt, sich nach einem Job umzusehen, dann könnte sie zum Beispiel sagen: »Philipp, unser Gespräch von vor ein paar Wochen geht mir immer noch im Kopf herum. Ich habe inzwischen das Gefühl, ich tue dir keinen Gefallen, wenn ich dich weiter bei mir wohnen lasse, ohne von dir einen finanziellen Beitrag zu verlangen. Ich glaube, dass du dadurch nur immer abhängiger von mir wirst und es dich hindert, selbständig zu werden. Wenn du weiter bei mir wohnen willst, erwarte ich darum von dir, dass du mir ab nächsten Monat 200 Mark für Unterkunft und 200 Mark für Verpflegung zahlst. Natürlich habe ich Verständnis, wenn du eine andere Lösung suchen willst. Aber ich glaube, es ist meine Aufgabe, alles zu tun, damit du unabhängig wirst.«

Vielleicht ist diese Haltung auch für Sie der richtige Weg. Manchmal können wir mit entschlossener Liebe mehr erreichen als mit Nachsicht und Verständnis. Wir hören damit nicht auf, unser Kind zu lieben. Es leidet vielleicht (eine gewisse Zeit) unter der vorenthaltenen Unterstützung und den eventuellen Konsequenzen, aber letztlich tun wir das alles aus Liebe: Es reift, wenn es lernt, unabhängig zu werden. Entschlossene Liebe sollte aber immer erst dann zum Einsatz kommen, wenn andere Versuche, den jungen Menschen zum Nachdenken zu bringen, nichts gefruchtet haben. Sie steht nicht am Anfang.

Klassische Problembereiche

Nicht alle jungen Erwachsenen sind von der Philosophie der Generation X geprägt. Viele sind in traditionellen (oft christlich geprägten) Familien aufgewachsen und halten sich weiterhin an die überkommenen Werte. Dennoch haben auch sie es oft nicht leicht, erwachsen zu werden. Das kann die verschiedensten Ursachen haben. Sie kommen vielleicht in der Schule, bei der Arbeit, mit ihren Freunden oder auch in der Familie nicht zurecht, und die Eltern beklagen ihre scheinbare Unreife.

Wenn Sie die Ursache(n) für diese Probleme kennen, dann können Sie Ihren Kindern helfen, die nötigen Schritte zur Lösung zu tun. Drei der häufigsten Ursachen, warum ein Erwachsener nur schwer mit dem Leben zurechtkommt, sind: 1. mangelndes Selbstbewusstsein, 2. innere Auflehnung und 3. ein vernachlässigtes Gefühlsleben.

Mangelndes Selbstbewusstsein

Mangelndes Selbstbewusstsein ist ein weit verbreitetes Problem, das etwa ein Drittel der jungen Erwachsenen betrifft. Unsere Umgebung huldigt den Schönen, Intelligenten, Sportlichen und Begabten. Der überwiegende Teil der Bevölkerung gehört aber nicht in diese Kategorien. Folglich werden Tausende junger Leute von Gefühlen der Minderwertigkeit oder Wertlosigkeit heimgesucht, wenn sie sich mit ihren Altersgenossen vergleichen. Diese innere Unsicherheit hält sie dann oft davon ab, in der Schule, am Arbeitsplatz oder in zwischenmenschlichen Beziehungen wirklich alle ihre Möglichkeiten auszuschöpfen.

Ob das auch bei Ihrem Kind der Fall ist, erkennen Sie, wenn Sie einmal aufmerksam hinhören. Wenn sich Bemerkungen wie: »Ich weiß nicht, ob ich das kann« oder: »So gut wie Thomas bin ich sowieso nicht«, »Ich glaube, davon lasse ich lieber die Finger«, »Ich schaffe es einfach nicht« oder: »Studieren ist einfach nicht mein Ding« häufen, weist das darauf hin, dass Ihr Sohn oder Ihre Tochter nicht besonders selbstbewusst ist.

Innere Auflehnung

Manche junge Erwachsene kommen nicht weit, weil sie ihren Eltern böse sind und unbewusst versuchen, ihnen wehzutun. In der Psychologie spricht man von einem *passiv-aggressiven Verhalten*. Weil der junge Mensch äußerlich passiv wirkt, erkennen die Eltern die Frustration und die Wut oft nicht. Das Verhalten des Kindes zeigt aber, dass sie da sind.

Mit seinem Tun oder Lassen sagt der Jugendliche: »Ich lasse mir von dir nichts diktieren. Ich lasse mir von dir nicht sagen, was in meinem Leben wichtig ist.« Je mehr die Eltern darauf drängen, dass das Kind sich in der Schule oder in anderen Bereichen anstrengt, desto mehr Widerstand wird das Kind leisten.

Ein vernachlässigtes Gefühlsleben

Andere junge Leute schneiden in Schule oder Beruf schlecht ab, weil ihnen die psychischen Voraussetzungen fehlen, um mit den Anforderungen zurechtzukommen.

Viele erwachsene Kinder sind in Schule und Beruf von emotionalen Problemen behindert, unter die Angstgefühle, Depression, mangelnde Motivation und Probleme im Umgang mit anderen Menschen zu zählen sind.

All diese Probleme sind inzwischen so weit verbreitet, dass sie häufig für normal erachtet werden. Doch viele Menschen brauchen im seelischen und zwischenmenschlichen Bereich Hilfe. Manche junge Erwachsene haben echte psychologische Betreuung nötig, um in der Gesellschaft überhaupt zurechtzukommen.

Gespräche und Lob

Solange Sie nicht wissen, warum Ihr Kind in manchen Bereichen nicht klarkommt, können Sie ihm auch nicht helfen. Wichtigstes Mittel um herauszufinden, was im Leben Ihres Kindes los ist, ist das Gespräch, und zwar das Gespräch unter Gleichgestellten und nicht aus der Elternposition heraus. Eine kritische Einstellung, womöglich noch Hand in Hand mit einer Moralpredigt, vergrößert nur die Kluft zwischen beiden Seiten. Viel hilfreicher ist es, einfühlsame Fragen zu stellen, die Ihnen verstehen helfen, was Ihr Sohn oder Ihre Tochter denkt und empfindet. Und dann warten Sie, bis Ihr Kind von sich aus fragt: »Was meinst du denn?«, bevor Sie mit Ihren Vorschlägen herausrücken. Ungebetener Rat ruft fast immer negative Reaktionen hervor. Wenn Ihr Kind jedoch das Gefühl bekommt, dass Ihr Interesse echt ist und Sie wirklich um Verständnis bemüht sind, dann ist es viel eher bereit, auch auf Ihre Ratschläge zu hören.

Wie jeder andere Mensch ist auch der junge Erwachsene empfänglich für Ermutigung. Wenn wir uns Sorgen machen, weil unser Kind im Leben scheinbar nur wenig erreicht, dann sollten wir einmal überlegen, welche Bereiche zu positiven Bemerkungen Anlass geben. Viel zu häufig übergehen wir stillschweigend die kleinen Erfolge, weil wir meinen, unser Kind sei zu Besserem in der Lage.

Wenn wir jedoch auch die kleineren Leistungen würdigen, dann motivieren wir und rufen positive Reaktionen hervor. Wenn wir jedoch immer gleich ein Urteil abgeben, verursacht das in der Regel negative Gefühle.

Wenn Sie der Meinung sind, Ihrem erwachsenen Kind mangele es an Selbstbewusstsein, dann können gerade Mut machende Bemerkungen eine große Hilfe sein. »Schön, dass du das Auto gewaschen hast. Es sieht ja wieder aus wie neu« ist sicher besser als: »Wieso musst du dein Auto waschen? Du solltest dir lieber eine richtige Arbeit suchen.« Auch: »Das ist eine hübsche Melodie. Der Rhythmus gefällt mir« ist besser als: »Wieso hockst du schon wieder am Schlagzeug? Du solltest dich lieber um deine Matheaufgaben kümmern.« Junge Erwachsene sind (wie wir alle) meist in den Bereichen am besten, für die sie sich persönlich interessieren.

Wenn wir die Erfolge unserer Kinder in bestimmten Bereichen loben (auch wenn sie uns gerade dort nicht so wichtig erscheinen), dann fördern wir ihre Motivation, sich auch in anderen Bereichen anzustrengen. Wenn wir ihre Anstrengungen verurteilen, weil wir meinen, sie sollten ihre Zeit und Kraft besser anderswo einsetzen, dann schaffen wir ein negatives Klima und vergrößern die emotionale Kluft zwischen uns und ihnen. Das alte Wort aus den Sprüchen hat auch heute noch Geltung: »Worte haben Macht: sie können über Leben und Tod entscheiden.«[11] Geben Sie Ihren Kindern Anerkennung, und sie bekommen vielleicht wieder neuen Mut, sich anzustrengen und es noch einmal zu versuchen.

3. Wenn das Nest sich nicht leert

In Kapitel 1 haben wir einige der Veränderungen erwähnt, die das Leben der Eltern von jungen Erwachsenen heute so viel anders aussehen lassen als in den fünfziger Jahren. Nichts aber hat in den letzten vierzig Jahren größere Auswirkungen auf Eltern als die Tatsache, dass das »Nest sich nicht mehr leert«. Früher verließen die erwachsenen Kinder das elterliche Zuhause meist kurz nachdem sie die Schule oder die Lehre abgeschlossen hatten. Zu Beginn der neunziger Jahre jedoch lebten rund 55 Prozent der Achtzehn- bis Vierundzwanzigjährigen immer noch bei den Eltern.[12]

Das aber hatten die Eltern eigentlich nicht so geplant. Sie hatten damit gerechnet, ruhigeren Zeiten entgegenzusehen und mehr Zeit allein oder zu zweit zu haben. Sicher, es war ihnen klar, dass der Auszug der Kinder ihnen erst einmal etwas zusetzen würde, aber sie freuten sich auch auf die größere Freiheit.

Dabei leuchten die Gründe, warum junge Erwachsene zunächst noch bei den Eltern bleiben, meist unmittelbar ein. Das macht es den Eltern allerdings nicht leichter. In einer Gesellschaft, in der es weniger verbindliche Werte und mehr ideologische Konflikte gibt als früher, empfinden viele junge Leute Angst. Sie sind pessimistisch und möchten den Übergang zum Erwachsen- und Selbständigwerden möglichst lange hinauszögern. Jugendliche brauchen heute viel länger als früher, um ihre Ausbildung abzuschließen. Bei anderen sind es die hohen Ausbildungskosten, die sie zunächst im Elternhaus festhalten. Immer mehr Studenten entscheiden sich für eine Universität in ihrer Heimatstadt und wohnen zunächst zu Hause. Oder kommen zumindest häufig nach Hause, um Mutters Kochkünste zu genießen und ihr die Wäsche zu bringen. Allerdings erwarten sie nun, dass sie auch zu Hause anders behandelt werden, und möchten kommen und gehen, wie es ihnen gefällt. Sie treffen sich mit Freunden, verplanen ihre Zeit und wollen an den Wochenenden nicht einfach nur bei den Eltern auf dem Sofa sitzen. Gleichzeitig sorgen sie dafür, dass es zu Hause nicht langweilig wird.[13]

Das Nesthocker-Syndrom

Müssen sie denn sofort ausziehen?

Judith Martin, eine bekannte Briefkastentante in Amerika, meint, wir sollten es nicht unbedingt ernst nehmen, wenn Eltern sich darüber beklagen, dass ihre erwachsenen Kinder nicht ausziehen wollen. Ihrer Ansicht nach jammern sie nur, weil das eben dazugehört:
> Sie prahlen nicht gern damit, dass Menschen, die sie nur allzu gut kennen, gern mit ihnen zusammenleben. Deshalb behaupten [diese Eltern], ihre Kinder seien wohl deshalb noch zu Hause, weil Kost und Logis nicht bezahlt werden müssten. Andere reden vielleicht so, um ihre Kinder vor Kritik von außen in Schutz zu nehmen. Denn die meisten Leute denken heute, dass Erwachsene, die noch bei ihren Eltern leben, auf irgendeine Weise Versager sind, ob auf finanziellem Gebiet, in der Liebe oder psychologisch; unfähig eine normale Arbeit zu finden, zu geizig, um selbst Miete zu zahlen, seelische Krüppel, faul, verantwortungslos, schlechte Heiratskandidaten, selbstsüchtig und zu ängstlich, um der Wirklichkeit ins Auge zu sehen.[14]

Frau Martin wundert sich, dass man es heute für normal halten kann, wenn Eltern und Kinder nichts miteinander zu tun haben wollen, und meint, der Auszug eines Kindes aus dem Elternhaus sei ein »unschickliches Zeichen treulosen Verhaltens«.[15]

Sicher, die gemeinsame Zeit kann auch zu einer positiven Erfahrung werden. Sie bietet jungen Erwachsenen für einen begrenzten Zeitraum den nötigen Rahmen, um sich auf die Unabhängigkeit vorzubereiten. Das ist besonders dann wichtig, wenn ihnen das Familienleben etwas wert ist und sie zu Hause Kraft und Ermutigung bekommen. Das Elternhaus wird eine Zuflucht für die, die sich den Bedrohungen einer unsicheren Welt noch nicht gewachsen fühlen. Auch für Eltern, denen ein abrupter Abschied von den Kindern schwer fällt, kann diese Zeit zu einer wichtigen Übergangsphase werden.

Viele Eltern machen sich aber über das Nesthocker-Syndrom und besonders über ihre Rolle und ihr Verhalten Gedanken. Selbst jene, die die Dinge im Allgemeinen positiv sehen, fragen sich hin und wieder, ob sie ihren Kindern gegenüber zu schwach und nachgiebig sind. Sie wissen nicht, wo sie Grenzen und klare Regeln setzen sollen. Und oft wissen sie auch nicht, wie sie damit umgehen sollen, dass sich die Erwartungen der Kinder an sie deutlich verändert haben.

Wenn Ihr Nest noch nicht ganz leer ist, dann wissen Sie, dass Sie es mit einem ziemlich komplizierten Gemisch von Erwartungen und Gefühlen zu tun haben, die nicht von allein verschwinden und sich auch nicht von selbst auflösen. Doch trotz all der unterschiedlichen Erwartungen von Eltern und erwachsenen Kindern, letztlich kann es fast jeder schaffen, diese Phase für die gesamte Familie zu einem interessanten und spannenden Abenteuer zu machen. Wir behaupten nicht, das sei einfach. Doch wie in jeder Beziehung wird sich auch hier schon ein kleiner Einsatz reichlich bezahlt machen.

Wenn Ihr erwachsenes Kind noch zu Hause wohnt, dann befinden Sie sich, wenn auch anders als früher, noch immer in der Elternrolle. Das heißt, Sie wollen nur das Beste, egal wie anstrengend die Situation für Sie oder Ihr Kind ist. Wichtig ist auch, dass Sie sich vor den zwei größten Fallen hüten, die sich Eltern stellen, vor autoritärem Verhalten auf der einen und zu großer Nachgiebigkeit auf der anderen Seite. Wenn Ihnen das gelingt und Sie gleichzeitig die Lage positiv betrachten, dann wird Ihr Kind schneller erwachsen und selbständig werden können. Sorgen Sie darum für eine möglichst freundliche und anregende Atmosphäre, und machen Sie Ihr Zuhause zu einem Ort, an den sich jeder gern erinnert.

Familien, die mit »Nesthockern« Erfahrungen gemacht haben, wissen zwar um Spannungen, sie kennen aber auch die guten Seiten. Wir wollen im Folgenden zwei Familien vorstellen, die Colliers und die Petersons (alle Namen geändert), deren erwachsene Kinder zunächst zu Hause blieben.

Was die Colliers gelernt haben

Frank und Bonnie Collier sind seit achtundzwanzig Jahren verheiratet und haben zwei Kinder. Robert, der Sohn, ist dreiundzwanzig und studiert im dritten Jahr an der Fachhochschule in seiner Heimatstadt. Er wohnt bei den Eltern. Er hat ein Jahr an der Universität studiert, ist aber im zweiten Semester ausgestiegen, weil er in drei Fächern nicht mitkam. Dafür gab es zwei zusammenhängende Ursachen: fehlende Disziplin beim Lernen und den Hang, seine Zeit eher auf Partys als am Schreibtisch zu verbringen. Er kam zurück nach Hause, orientierte sich neu, besuchte einen Sommerkurs über Lernmethoden und kommt seit drei Jahren gut voran. Seine Schwester Maria ist im ersten Semester an der Universität, sie studiert Kunstgeschichte. Jedes zweite oder dritte Wochenende kommt sie nach Hause. Manchmal bringt sie eine Freundin mit, meist aber kommt sie allein, nur bewaffnet mit einem Berg schmutziger Wäsche und Hamster Hermann.

Maria sagt den Eltern meistens ein paar Tage im Voraus, wann sie kommen will. Dann kocht Bonnie für den Freitagabend Marias Lieblingsessen, und auch Robert richtet es so ein, dass er zu Hause ist. Die Unterhaltung, die bei der Mahlzeit beginnt, zieht sich manchmal über zwei, drei Stunden hin. Man spricht über Bücher, die man gelesen, Filme, die man gesehen hat, und wie es den Freunden geht. Zur Unterhaltung gehört auch, dass jeder von seinen Plänen für das Wochenende berichtet. Wenn alle etwas vorhaben, dann sind der Freitagabend und der Gottesdienstbesuch am Sonntag oft die einzigen Zeiten, zu denen die ganze Familie beisammen ist.

Wenn Maria von den Eltern Hilfe braucht, sei es finanzieller Art, für ein Projekt an der Uni oder mit dem Auto, dann ruft sie an oder schickt eine E-Mail. Normalerweise kümmert sie sich selbst um ihre Wäsche, und manchmal macht sie mit ihrem Vater einen Spaziergang, bevor sie am Sonntagnachmittag wieder aufbricht.

Robert hat eine feste Freundin, und seine Eltern sorgen dafür, dass sie sich bei ihnen wohl fühlt und laden die beiden auch oft zum Essen ein. Als Robert wieder zu Hause einzog, stellten seine Eltern von Anfang an klar, dass sie ihn gern wieder aufnehmen und ihm helfen wollten, die Ausbildung durchzuziehen, wenn er das wirklich wollte. Es war ihnen auch klar, dass die Situation nun anders war als noch zu Schulzeiten. Sein Zimmer ist seine Privatsphäre, was aber auch bedeutet, dass er selbst für Ordnung sorgen muss – nach seinen Maßstäben, nicht nach denen der Eltern. Er darf Gäste einladen, allerdings nicht zum Übernachten. (Sie hatten beobachtet, wie Bekannte quasi zum »Hotel« wurden für sämtliche Freunde ihres Sohnes. Das wollten sie vermeiden.) Die Musik in Roberts Zimmer darf eine bestimmte Lautstärke nicht überschreiten.

Roberts Tagesablauf unterscheidet sich dermaßen von dem seiner Eltern, dass sie sich manchmal einen oder auch zwei Tage gar nicht sehen und nur über Zettel auf dem Küchentisch miteinander Kontakt halten. Frank und Bonnie haben sich bereit erklärt, die Versicherung von Roberts Auto zu übernehmen, solange er noch studiert, und auch keine Miete von ihm zu verlangen. Wenn er mit der Fachhochschule fertig ist und eine feste Arbeit hat und dann immer noch zu Hause wohnen will, wird er jeden Monat Miete zahlen und auch die Kosten für Autosteuer und -versicherung übernehmen müssen. Im Moment hat er einen Teilzeitjob, so dass er das Benzin und auch mal ein Essen außer Haus selbst zahlen kann. Am Mittwochabend isst Robert zusammen mit der Familie, entweder zu Hause oder in einem Restaurant.

Solche »Verkehrsregeln« sind nicht ungewöhnlich, wenn erwachsene Kinder noch bei den Eltern leben. So kann man Vereinbarungen über Miete und/oder Essen treffen und bestimmte Pflichten und Erwartungen klären (mehr dazu in Kapitel 4).

Das Haus von Frank und Bonnie ist kein leeres Nest, aber auch kein Ort größerer Konflikte. Wenn sie mit Robert Probleme haben oder er mit ihnen, berufen sie den Familienrat ein und diskutieren ganz offen. In den vergangenen drei Jahren ist es nur zweimal zum Streit gekommen, und beide Male konnte er gütlich beigelegt werden. Sie alle genießen diese Phase des Familienlebens. Die Kinder fragen die Eltern oft um Rat in Fragen der Ausbildung, aber auch was ihre Freundschaften angeht. Frank und Bonnie haben das Gefühl, dass sie den Kindern genügend Freiraum zur persönlichen Entwicklung lassen, gleichzeitig aber einen positiven Einfluss auf sie ausüben können.

Was die Petersons gelernt haben

Bei John und Rachel Peterson präsentiert sich die Situation etwas anders. Ihre drei Kinder sind alle noch zu Hause, aber auch sie konnten die Dinge zur Zufriedenheit aller lösen. Die siebzehnjährige Jill geht noch zur Schule und möchte später einmal Krankenschwester werden. Rick ist neunzehn und hat im Moment keine Arbeit. Marc ist einundzwanzig und stellvertretender Filialleiter in einem Geschäft am Ort. Weder Rick noch Marc wollen studieren.

Seit dem Schulabschluss hat Rick drei Teilzeitjobs gehabt, aber alle abgebrochen, um mit seinen Freunden auf Reisen zu gehen. Beruflich hat er keine besonderen Interessen. Er will zwar arbeiten, hofft aber, dass die Arbeit sein Leben nicht allzu sehr beeinträchtigen wird. Marc hat schon während der Schulzeit in einem Lebensmittelladen ausgeholfen und sich mit dem Geschäftsführer angefreundet. Nach dem Schulabschluss hat er sich vorgenommen, selbst Verkäufer zu werden. Er hat eine dreijährige Lehre absolviert und ist noch immer begeistert von seinen Berufsaussichten.

Als Marc verkündete, er wolle nicht studieren, waren seine Eltern erst einmal enttäuscht. Sie hatten beide nicht studieren können und gehofft, die drei Kinder würden alle die Uni besuchen. Als Rick, der zweite, dann sagte, er wolle auch nicht auf die Uni, machte ihnen das noch mehr zu schaffen. Anders als Marc hatte er noch nie gejobbt, und nach der Schule brauchte er drei Monate, um eine erste Anstellung zu finden. Da er seitdem oft die Stelle gewechselt hat, haben seine Eltern allen Grund, sich um seine Zukunft zu sorgen.

Als Marc beschlossen hatte, Verkäufer zu werden, beriefen John und Rachel eine Familienkonferenz ein, damit er der ganzen Familie seine Vorstellungen erklären konnte. Es ging bei dem Gespräch nicht nur um Marcs berufliche Pläne, sondern auch darum, ob er zu Hause wohnen bleiben wollte und was das für die ganze Familie bedeuten würde. Sie diskutierten auch seine weitere Mithilfe bei der Hausarbeit.

Als es um die Finanzen ging, setzte Rick sich dafür ein, dass Marc keine Miete zahlen musste, da er ja sicher auf eine eigene Wohnung sparen wollte.

»Ja, ich verstehe, was du meinst«, erwiderte sein Vater, »aber gehört das nicht auch dazu, wenn man erwachsen werden will? Dass man anfängt, für sich selbst aufzukommen? Wenn man jung ist, kümmern sich die Eltern um alle Bedürfnisse ihrer Kinder. Aber wenn man erwachsen wird, dann muss man anfangen, selbst Verantwortung zu übernehmen.«

Marc stimmte seinem Vater zu. Ihm sei es lieber, etwas zu den Haushaltskosten beizutragen, sagte er. Die Mutter schlug vor, mit einem relativ niedrigen Betrag zu beginnen und ihn dann schrittweise um 50 DM im Monat zu erhöhen, bis er so hoch war wie die Miete, die Marc für eine eigene Wohnung würde zahlen müssen.

Rachel hatte aber noch eine andere Befürchtung. »Wenn wir ausmachen, dass Marc kommen und gehen kann, wie es ihm passt, dann habe ich einfach Angst, dass ich die ganze Nacht wach liege und mich frage, wo er steckt, wenn er, sagen wir, um Mitternacht noch nicht zu Hause ist. Dagegen kann ich als Mutter nichts machen. Ich möchte ihm gern seine Freiheit lassen, aber ich möchte auch selbst ruhig sein können. Papa und ich sind erwachsen. Aber wir gehen und kommen auch nicht einfach, ohne dem anderen zu sagen, wo wir sind. Weil wir zu einer Familie gehören, sagen wir dem anderen, ob es unter Umständen spät wird oder etwas Unvorhergesehenes dazwischenkommt. Es gehört zu einem intakten Familienleben, dass man dem anderen keine unnötigen Sorgen bereitet.«

Das war vor drei Jahren. Marc wohnt noch immer zu Hause und zahlt inzwischen 1000 DM im Monat für Miete und Nebenkosten. Der Plan hat sich bis jetzt bewährt, und weder er noch seine Eltern haben Grund zur Klage.

»Ach«, sagen Sie jetzt vielleicht, »ein Familienrat, in dem sich alle über die Regeln einigen, ist also die Lösung.« Ja, aber eine solche Konferenz muss nicht zwingend alle zufrieden stellen. Bei Rick sah die Sache etwas anders aus und machte eine weitere Konferenz nötig. John und Rachel waren zwar einigermaßen besorgt über seine fehlende Motivation zu arbeiten. Sie konnten aber auch verstehen, dass er gern reisen wollte, wünschten sie sich doch selbst, sie hätten dazu mehr Gelegenheit gehabt, als sie jung waren. Sie waren also damit einverstanden, dass er sich ein Jahr Zeit nahm fürs Herumreisen und danach eine Ausbildung anfing oder sich eine Stelle suchte. Rick war außerdem in einer Band, die bei Festen vor Ort auftrat. Dadurch kam er oft spät nach Hause oder blieb auch einmal über Nacht bei Freunden. Rachel wollte wissen, wo er war, und Rick erklärte sich bereit, anzurufen, wenn er nicht nach Hause kommen würde, auch wenn es schon weit nach Mitternacht war.

Als die Finanzen zur Sprache kamen, merkten sie, dass Rick bei weitem nicht so viel verdiente wie Marc bereits zu Schulzeiten. Rick meinte deshalb, nichts abgeben zu können, auch wenn seine Eltern dafür waren, dass er zumindest einen kleinen Beitrag zur Miete leistete, schon allein aus Prinzip. Auch Jill und Marc waren dafür. Marc meinte allerdings, wenn Rick unterwegs sei, dann sei es für den Bruder etwas unpraktisch, Miete zu zahlen, und außerdem sei es nicht fair. Nach längerer Diskussion sagte ihr Vater: »Wie wäre es, wenn wir sagen, du zahlst keine Miete, wenn du mit deinen Freunden unterwegs bist? Aber wenn du hier bist, dann zahlst du im ersten Jahr 50 Mark im Monat. Das ist sehr wenig, aber zumindest leistest du damit auch einen kleinen Beitrag.«

Damit war Rick einverstanden. Auch Jills Forderung, dass er sich an der Hausarbeit beteiligen sollte, wenn er zu Hause war, stimmte er zu. Abschließend meinte der Vater: »Ich denke, es sollte uns allen klar sein, dass wir hier nur darüber diskutieren, was im nächsten Jahr sein wird. Wenn du danach weiter bei uns wohnen willst, dann müssen wir die Dinge neu besprechen.« Auch damit war Rick einverstanden.

Nach einem Jahr relativer Freiheit fing Rick an zu überlegen, was er tun könnte. Er interessierte sich schon seit Jahren für Computer und konnte sich vorstellen, Fachverkäufer in diesem Bereich zu werden. Seine Eltern sind recht zuversichtlich, dass er seinen Weg finden und seine Arbeit gut machen wird, egal wofür er sich letztlich entscheidet. Jetzt, wo das Reisejahr vorüber ist, haben sie ihm deutlich gesagt, dass er entweder eine Ausbildung beginnen oder eine Arbeit suchen muss. Sie werden ihn nicht weiter für 50 DM im Monat zu Hause wohnen lassen. Wenn er eine Stelle findet und dann weiter zu Hause bleiben will, dann, so sind sich alle einig, werden sie sich an dieselben Richtlinien halten, die sie damals für Marc festgesetzt haben.

In einem Jahr wird Jill ihre Ausbildung zur Krankenschwester beginnen, und die Familie wird sie bei ihren Plänen unterstützen.

John und Rachel sind froh und dankbar über das gute Verhältnis zu ihren Kindern. Sie haben beide das Gefühl, dass diese Zeit nicht nur für sie, sondern auch für ihre erwachsenen Kinder zu einer Bereicherung geworden ist.

Richtlinien für den Umgang mit Nesthockern

Wie durch die Beispiele deutlich geworden sein dürfte, gilt es im Umgang mit jungen Erwachsenen, die noch zu Hause leben, mehrere Dinge zu beachten. Das Allerwichtigste ist, dass Sie als Eltern sich über Ihre Erwartungen klar werden. Wenn Sie bestimmte Erwartungen haben und Ihr heranwachsendes Kind hat völlig andere, dann sind Auseinandersetzungen geradezu vorprogrammiert. Wenn Sie sich aber alle einigen können, dann legen Sie den Grundstein für ein harmonisches Zusammenleben nicht nur jetzt, sondern auch in Zukunft.

Hier fünf weitere Anhaltspunkte für das Elternhaus, in dem auch erwachsene Kinder wohnen:

1. *Sorgen Sie für offene Gespräche.* Sie können nicht wissen, was jeder von Ihnen erwartet, solange Sie nicht offen darüber reden. Wir empfehlen darum Familienkonferenzen[16], wie wir sie am Beispiel von John und Rachel geschildert haben – ein offenes Forum, wo jedes Familienmitglied seine Vorstellungen und Gefühle äußern kann und man gemeinsam nach einer Lösung sucht. Wenn Sie das schon früher praktiziert haben, kommt es Ihnen jetzt zugute. Als Eltern sollten Sie sich darum bemühen, die Gedanken, Gefühle und Wünsche Ihrer Kinder aufmerksam anzuhören. Das bedeutet nicht, dass die Kinder auch das letzte Wort haben. Es bedeutet aber, dass Sie ihre Meinung ernst nehmen.

2. *Schaffen Sie ein Gleichgewicht zwischen Freiheit und Verantwortung.* Eltern sind gefordert, dem Kind zu helfen, damit es ein gesundes Gleichgewicht zwischen Freiheit und Verantwortung findet. Schließlich handelt es sich um zwei Seiten derselben Münze. Vielleicht kommt Ihr Kind selbst sich noch nicht allzu erwachsen vor. Es geht aber zunächst einmal schlicht darum, dass Sie alle gemeinsam versuchen, Regeln zu finden, mit denen dann auch alle leben können. Junge Erwachsene sollten sicher mehr Freiheiten haben als Teenager; Freiheit schließt aber Verantwortung nicht aus. Solange ein Kind zu Hause lebt, ist es auch mit verantwortlich für das Wohlergehen und ein störungsfreies Zusammenleben. Diese Verantwortung muss im Blick auf Geld, Hausarbeit und die normalen Umgangsformen klar definiert werden.
3. *Halten Sie an Ihren Wertmaßstäben fest.* Die persönlichen Werte junger Erwachsener weichen häufig von denen ihrer Eltern ab. Wenn Ihre erwachsenen Kinder weiterhin bei Ihnen wohnen wollen, dann haben Sie als Eltern ein Recht darauf, sie um die Einhaltung Ihrer Maßstäbe zu bitten, zumindest während Sie im Haus sind. So dürfen Sie sicher darauf bestehen, dass Ihre Kinder nicht mit Freund oder Freundin die Nacht in ihrem Zimmer verbringen. Genauso können Sie erwarten, dass die Kinder im Haus keine Zigaretten, keinen Alkohol und keine Drogen zu sich nehmen, wenn Sie das nicht möchten. Damit versuchen Sie nicht, jemandem Ihre Wertmaßstäbe aufzuzwingen. Sie erwarten lediglich, dass Ihre Kinder Ihre Haltung respektieren, solange sie bei Ihnen leben. Ein freundliches, aber bestimmtes Festhalten an Ihren eigenen Überzeugungen beweist, dass Sie über charakterliche Stärke verfügen.
4. *Nehmen Sie Rücksicht auf Ihr eigenes körperliches und seelisches Wohlbefinden.* Als Rachel darauf bestand, jeweils zu erfahren, wo Marc und Rick die Nacht verbringen, tat sie das, um

sich selbst zu schützen. Es war ihr klar, dass sie nur wach liegen und sich sorgen würde, wenn sie nicht wusste, wo die Kinder sich aufhielten. Manche Eltern schaffen es, sich zu lösen, und ihre Kinder können kommen und gehen, wie und wann sie wollen. Anderen gelingt das aber nicht. Die meisten Eltern möchten gern wissen, wann ihr Kind nach Hause kommt, auch wenn es schon erwachsen ist. Sonst machen sie sich Sorgen. Wenn es Ihnen auch so geht, dann vereinbaren Sie, dass jeder den anderen mitteilt, wann er abends nach Hause kommt. Sie müssen Ihre eigenen Grenzen kennen und um Ihrer selbst willen darauf Rücksicht nehmen. Sie können anderen nicht helfen, wenn Sie sich nicht zuerst um sich selbst kümmern. Das kann auch einmal den Zustand im Zimmer Ihres Kindes betreffen. Da ist es manchmal sicher besser, die Tür einfach zuzumachen, als ständig das Chaos sehen zu müssen.

5. *Setzen Sie Grenzen und Ziele.* Als John und Rachel ihrem jüngsten Sohn erlaubten, nach der Schule erst einmal zu reisen und ein Jahr lang seine Freiheit zu genießen, da machten sie ihm sicher eine große Freude, gleichzeitig setzten sie ihm aber eine zeitliche Begrenzung. Auch die Vereinbarung mit Marc über seinen zunehmenden Beitrag zu den Mietkosten stellte klar, dass er gegenüber der Familie eine finanzielle Verpflichtung hatte. Ein Ziel zu setzen, das sich schon an dem Zeitpunkt orientiert, zu dem der junge Mensch dann auszieht, kann eine Motivation sein. Die Grenzen können variieren. Wenn das Kind verlobt ist, kann es vielleicht bis zur Hochzeit zu Hause wohnen bleiben. Wenn es Berufsanfänger ist, kann die Familie vielleicht vereinbaren, dass es auszieht, wenn die erste Beförderung kommt. Oft fällt es Eltern wie Kindern leichter, einfach einen bestimmten Zeitabschnitt festzusetzen, zum Beispiel ein halbes oder ganzes Jahr. Ziele wie zeitliche Grenzen können hin und wieder neu debattiert werden, wichtig ist aber, sie von Beginn an einzuführen.

Unordnung im Nest

Vielleicht haben Sie sich beim Lesen der beiden Fallbeispiele gefragt: »Geht es denn immer so reibungslos zu? Gibt es keinen Streit? Bei uns sieht das alles ganz anders aus.« Auch wir wissen, dass Vereinbarungen über das Zuhausewohnen nicht immer von allen Beteiligten als positiv und zufrieden stellend empfunden werden. Vielleicht befinden Sie sich gerade in einer Situation, von der Sie nichts sehnlicher wünschen, als dass sie bald ein Ende hat.

Wo Eltern und junge Erwachsene unter einem Dach wohnen, da kann es aus den unterschiedlichsten Gründen zu Spannungen kommen. Die Eltern haben vielleicht das Gefühl, sie hätten ihre Freiheit verloren, und der Jugendliche meint, er werde nicht für voll genommen. Aber beide, Eltern wie Kind, sind erwachsen, und beide haben ihre eigenen Vorstellungen. Vielleicht möchten beide Seiten gern bestimmen, wo es langgeht. Küche, Wohn- und Schlafzimmer können so zum Schlachtfeld werden, Telefon, Fernsehen und Dusche zum Reizthema. Das führt häufig zu Auseinandersetzungen. Die Hauptklage vieler Eltern lautet, dass zu Hause zu viel gestritten wird.

Das mag stimmen, und es ist nicht gut, einfach nur nach dem Schuldigen zu suchen, egal ob man den Fehler beim Kind ausmacht oder bei sich selbst. Wichtiger ist zu fragen, was Sie tun können, um die Auseinandersetzungen zu entschärfen. Weil Ihr Kind noch immer von Ihnen abhängt, sind Sie vielleicht versucht, bei Meinungsverschiedenheiten noch immer so zu reagieren wie früher, als es jünger war. Vielleicht sagen Sie: »Hier habe immer noch ich das Sagen. Solange du die Füße unter meinen Tisch stellst, bestimme ich, wo es langgeht!« Das mag Ihnen zwar im Moment Erleichterung verschaffen, langfristig wird eine solche Einstellung aber nichts Gutes bewirken. Es führt nirgendwohin, wenn Sie sich Ihrem Kind nur von der unangenehmen Seite zeigen. Wenn Sie Ihre Wut an Ihrem

Kind auslassen, dann wird es nur seinerseits wütend, und der Streit setzt sich fort.

Wenn die Spannungen sich zu einem handfesten Streit steigern, sind Sie vielleicht ratlos und wissen nicht, wie es weitergehen soll. Vielleicht sind Sie so verärgert, dass Sie befürchten, Sie könnten die Beherrschung verlieren und etwas sagen, was dann wirklich Schaden anrichtet.

Wichtig ist es deshalb, dass Sie sich in diesem Moment an zwei Worte erinnern – die Worte *höflich* und *bestimmt*. Wenn Sie sowohl höflich als auch bestimmt bleiben können, dann werden Sie die schweren Zeiten überstehen, ohne Schaden anzurichten, für den Sie sich später entschuldigen oder den Sie reparieren müssen.

Am besten ist es natürlich, wenn Eltern sich auf Streit *gar nicht erst einlassen*. Natürlich ist es nicht immer einfach, sich soweit zu beherrschen, aber es zahlt sich auf vielfache Weise aus. Entscheidend ist, dass Sie sich auch die Argumente Ihres Kindes anhören und dann »Ich«-Botschaften verwenden, die den Zorn lindern und zum Verstehen einladen. Eine »Du«-Botschaft klingt meist vorwurfsvoll und unhöflich. »Du machst mich wütend. Kannst du das nicht lassen?« Eine »Ich«-Botschaft dagegen bringt Ihre Gefühle und Erwartungen zum Ausdruck, ist aber nicht anklagend. »Ich ärgere mich, wenn du das machst.« Über Ihre eigenen Gefühle lässt sich nicht streiten. Solche Aussagen helfen Ihnen, höflich aber bestimmt zu bleiben – und Sie helfen Ihrem Kind zu verstehen, was bei Ihnen solchen Ärger hervorruft.

Vom Ärger

Vergessen Sie es nicht – Sie als Eltern haben den größten Einfluss auf Ihr Kind, im guten wie im schlechten Sinne. Und was Ihr Kind am meisten beeinflusst, ist die Art, wie Sie mit Ärger umgehen. Das hat Auswirkungen auf 1. sein Selbstwertgefühl; 2. seine Identität;

3. seine Beziehungsfähigkeit; 4. seine Einstellung zum Leben und 5. seine Fähigkeit, mit Stress umzugehen und sich in der Gesellschaft zu bewähren.

Wenn Sie nicht richtig mit Ihrem Ärger umgehen, dann können Sie bei Ihren Kindern 1. passiv-agressives oder 2. antiautoritäres Verhalten oder 3. Selbst-Ablehnung hervorrufen.

Wenn Sie sich dagegen »erwachsen« verhalten, dann machen Sie Ihren Kindern eines der größten Geschenke, die es gibt – Sie geben ihnen ein Beispiel, das ihnen hilft, selbst erwachsen zu werden, ohne all die Probleme durchzumachen, mit denen so viele Erwachsene zu kämpfen haben. Es ist etwas Wunderbares, wenn man miterleben kann, wie die eigenen Kinder sich zu gewissenhaften, tatkräftigen, motivierten und beliebten Erwachsenen entwickeln. Dazu braucht es allerdings Zeit. Und die Generation X scheint sich für das Erwachsenwerden tatsächlich Zeit zu nehmen. Die Art, wie Sie mit Ihrem Ärger umgehen, kann jedoch einen Einfluss darauf haben, wie gut und wie schnell Ihre Kinder erwachsen werden.

Es ist deshalb so wichtig, dass Eltern richtig mit ihrem Ärger umgehen, weil Kinder aller Altersgruppen sehr empfindlich reagieren, wenn die Eltern zornig werden. Sie können die Missstimmung nicht einfach abschütteln oder auf die leichte Schulter nehmen. Schon ein einziger Fall kann großen Schaden anrichten, genauso wie der richtige Umgang mit der Wut die Liebe zwischen Eltern und Kindern vertiefen kann. Jeden Tag haben Sie die Wahl, wie Sie sich verhalten wollen. Wenn Sie reif reagieren, dann stärken Sie den Zusammenhalt der Familie.

Wie wir alle wissen, können wir im Blick auf unsere Gefühle allerdings die besten Absichten haben, und dann wirft uns eine unvorhergesehene Wendung der Dinge aus der Bahn. Das geschah bei den Andersons und ihrer neunzehnjährigen Tochter Nina. Als sie von der Schule zur Uni wechselte, beschloss sie, zunächst weiter zu Hause zu wohnen. Sie nahm an einem Werkprogramm teil, bei dem sie während des Studiums jobben konnte und nach dem Abschluss gute Chancen auf eine Stelle hatte.

Nina war noch nicht lange an der Uni, als ihr Vater am Arbeitsplatz Probleme bekam. Seine Firma verkleinerte sich, und es war nicht sicher, ob seine Stelle erhalten bleiben würde oder nicht. Das führte nicht nur im Geschäft, sondern auch zu Hause zu Spannungen. Die finanzielle Lage war ohnehin schon etwas angespannt, weil sie eine größere Anschaffung getätigt hatten, vor der Mutter Josie von Anfang an gewarnt hatte. Als der Druck nun größer wurde, wurde Jim immer deprimierter. Er zog sich in sich zurück und wurde zunehmend unsicherer. Das führte dazu, dass er mit Nina meist kurz angebunden war und ihr oft schon wegen der kleinsten Missverständnisse Vorwürfe machte. Bald war er nicht mehr nur unsicher, sondern wurde ausgesprochen jähzornig.

Nina hielt den ungerechten Vorwürfen Stand, hatte aber schon bald Angst davor, überhaupt nach Hause zu gehen. Als die Atmosphäre immer schlimmer wurde, zog sie aus.

Weil sie darauf jedoch weder finanziell noch seelisch vorbereitet war, schaffte sie es nicht, weiter gleichzeitig zu studieren und zu arbeiten. Sie bekam eine Depression. Zum Glück erkannten Jim und Josie, in welchem Zustand sich ihre Tochter befand, und schafften es, sich alle drei zu einer Therapie anzumelden, wo ihnen dann klar wurde, was sie falsch gemacht hatten. Etwa zur selben Zeit wurde Jim gekündigt, aber es gelang ihm und seiner Frau, das einigermaßen zu bewältigen und auch Nina eine Stütze zu sein. Sie konnten ihre Tochter überreden, wieder nach Hause zu kommen, und arbeiteten alle drei daran, mit ihrer Wut und Frustration richtig umzugehen.

Nina sagte, zwei Dinge hätten ihr in dieser schweren Zeit besonders geholfen. Erstens: »Mein Vater hat erkannt, dass ich ihn brauche. Und ich habe gemerkt, dass er mich immer noch gern hat.« Trotz seiner eigenen Probleme schaffte Jim es in dieser problematischen Phase, Nina die Liebe zu geben, die sie brauchte. Zweitens spürte Nina, wie der Glaube an Gott ihr Kraft gab, gerade dann, als es am schlimmsten war. Bevor Jim und Josie sich um Hilfe bemühten, hatte Nina sich völlig allein und verlassen gefühlt, selbst beim Beten. Später sagte sie: »Gott hat meine Gebete aber erhört und selbst aus dieser schrecklichen Situation etwas Wunderbares gemacht. Solche Situationen sind eben seine Spezialität!«

Wie man mit Ärger und Wut umgeht

Jeder Mensch ärgert sich mehr oder weniger regelmäßig. Die Frage ist darum nicht, ob das bei uns überhaupt vorkommt, sondern wie wir damit umgehen, wenn es soweit ist. Die folgenden Vorschläge werden Ihnen nicht nur im Umgang mit Ihren erwachsenen Kindern helfen, sondern auch in vielen anderen Lebensbereichen.

Zunächst: *Übernehmen Sie die Verantwortung.* Der erste Schritt, mit Wut produktiv umzugehen, ist die Bereitschaft, die Verantwortung für sie zu übernehmen. Es ist einfach, einem anderen Menschen oder den Umständen die Schuld zu geben, wenn wir aus der Haut fahren, und dann diesen Menschen für die Dinge verantwortlich zu machen, die wir im Zorn gesagt oder getan haben. Leider benutzen viele Menschen ihre Wut als Entschuldigung für alles Mögliche, was schief gelaufen ist. Bewusst oder unbewusst suchen sie nach einem Grund, um zornig zu werden, damit sie ihre eigenen Fehler beschönigen können.

Bevor Sie die Verantwortung übernehmen können, müssen Sie jedoch zuerst einmal erkennen, *dass* Sie sich geärgert haben. In unserer Praxis als Familientherapeuten begegnen wir oft Menschen, die eifersüchtig, frustriert oder verletzt sind, aber nicht erkennen, dass sich dahinter letztlich angestaute Wut verbirgt. Ihre Kinder aber sehen das wohl. Und wenn Eltern sich diesen Gefühlen nicht stellen und etwas dagegen tun, dann verlieren die Kinder allmählich den Respekt. Erkennen sie jedoch, dass sie sich geärgert haben, dann können sie auch darüber reden und zugeben: »Ja, ich bin wütend.« Und erst dann können sie auch die Verantwortung dafür übernehmen.

Wenn man hingegen dem Kind die Schuld an der eigenen Wut gibt, dann schadet man sich letztlich selbst. Außerdem ist es gefährlich, denn häufig lädt man dann auch den Ärger über Dinge auf dem Kind ab, die gar nichts mit der Situation zu tun haben. Vielleicht gibt es am Arbeitsplatz ein ungelöstes Problem, das man aber »vergessen« hat. Dann kommt man nach Hause und ärgert sich über irgendetwas am Verhalten des Kindes. Wenn man nun dem Kind die Schuld für die Wut in die Schuhe schiebt, dann macht man es unbewusst auch für die Auseinandersetzung am Arbeitsplatz verantwortlich. Das führt dazu, dass man auch andere angestaute Wut auf dem Kind ablädt. Die Tendenz zu diesem Verhalten findet sich bei den meisten Eltern, wenn das Kind aus einem Zustand der Abhängigkeit heraus- und in eine größere Unabhängigkeit hineinwächst.

Zweitens, *vergessen Sie Ihre Wut nicht.* Weil wir nicht besonders stolz auf uns sind, wenn wir die Beherrschung verlieren, versuchen wir leicht zu »vergessen«, was vorgefallen ist. Es ist aber wichtig, das eigene Benehmen nicht zu verdrängen. Sonst begibt man sich in Gefahr, die Wut später auf einen anderen zu übertragen, oder man unterdrückt sie und wird unterschwellig aggressiv. Versuchen Sie sich darum an Ihre Gefühle zu erinnern, wenn sich der erste Sturm gelegt hat. Rufen Sie sich Ihr Verhalten ins Gedächtnis zurück und auch die Auswirkungen, die es auf die anderen hatte, so peinlich sie auch sein mögen.

Wenn Ihnen das schwer fällt, dann schlagen wir Ihnen vor, dass Sie Ihre Fortschritte in einem Notizbuch festhalten. Wenn jemand Sie zum Beispiel ungerecht behandelt und Sie zutiefst gekränkt (oder verärgert) hat, dann sind Sie vielleicht nicht in der Lage, sofort mit dem Ärger (oder der Kränkung) umzugehen. Aber Sie können den Zwischenfall in Ihrem Notizbuch festhalten und dann später notieren, wie Sie das Problem gelöst haben. Die beste Methode, solche Konflikte zu lösen, ist das direkte, höfliche Gespräch mit dem Menschen, über den Sie sich geärgert haben. Wenn möglich sollten Sie Versöhnung schaffen und Verständnis anstreben.

Drittens, *achten Sie auf Ihre Gesundheit*. Je besser Ihr körperlicher, geistlicher und seelischer Allgemeinzustand ist, umso besser können Sie auch mit Ihrer Wut umgehen. Ihr Körper braucht eine ausgewogene Ernährung, Bewegung und Entspannungsphasen. Wenn Sie ihm diese Bedürfnisse nicht erfüllen, werden Sie schneller müde und gereizt sein.

Viertens, *führen Sie Selbstgespräche*. Auch wenn Sie im Allgemeinen gut mit Ihrer Wut zurechtkommen, kann es zu Situationen kommen, in denen Sie die Beherrschung verlieren und alles auf Ihrem Kind abladen. Was dann? Eine hilfreiche Methode sind Selbstgespräche. Sagen Sie sich etwa: »Gleich passiert's. Ich will mich aber nicht zum Narren machen oder etwas sagen, das ich hinterher bereue und wofür ich mich entschuldigen muss. Ich will lieber versuchen, mich zu beruhigen.« Wenn das nichts nützt, dann können Sie vielleicht fortfahren: »Ich will nicht, dass meine Kinder ausflippen oder zu verantwortungslosen Menschen werden. Darum will ich mich lieber zusammenreißen und ihnen ein gutes Beispiel geben.«

Wenn das Selbstgespräch Sie nicht ruhiger macht, dann verlassen Sie den Raum und geben Sie sich etwas zu tun – irgendetwas, wobei Sie allein sind und in Ruhe über die Situation nachdenken können und darüber, warum Sie so wütend geworden sind. Vielleicht hilft es Ihnen, sich an ein lustiges oder rührendes Erlebnis mit Ihrem Kind zu erinnern, das gute Gefühle hervorruft. Sie gönnen sich damit eine »Pause«, so wie Sie es auch manchmal gemacht haben, als Ihr Kind noch kleiner war.

Fünftens, *bitten Sie um Verzeihung*. Wenn Sie etwas gesagt oder getan haben, das Ihnen Leid tut, dann haben Sie eine hervorragende Möglichkeit, aus etwas Schlechtem etwas Gutes zu machen.

Es ist eine einfache und doch schwierige Aufgabe, Ihr Kind um Verzeihung zu bitten. Doch damit stellen Sie die Beziehung wieder auf die Grundlage der Liebe. Egal wie Ihr Kind im ersten Moment reagiert, es gewinnt dadurch neue Achtung vor Ihnen, und lernt, wie wichtig es ist, einander und auch sich selbst zu vergeben. Da der Konflikt nun einmal entstanden ist, haben Sie keine Angst davor, ihn konstruktiv zu lösen, indem Sie um Verzeihung bitten und dann alles daransetzen, die Beziehung wiederherzustellen. Echte Nähe entsteht da, wo Konflikte gelöst werden.

4. Wenn Ihr Kind zurückkommt

Es gibt ein T-Shirt mit dem Aufdruck: »Sie sind erst wirklich weg, wenn sie auch das Zeug vom Dachboden mitgenommen haben.« Das finden Sie vielleicht gar nicht lustig. Sie denken nicht daran, den Dachboden leer zu räumen, sondern überlegen, wie es werden soll, wenn Ihr Kind mit seinen Siebensachen in Ihr Haus und Ihr Leben zurückkehrt.

Die Mitchells kannten das Problem nur allzu gut. Als Janine das erste Mal bei Dr. Braun, einem Familientherapeuten, saß, erklärte sie: »Nie im Leben hätte ich mir träumen lassen, dass es einmal so weit kommen würde. Und dass Henry mitgekommen ist, grenzt schon fast an ein Wunder!« Ihr Mann nickte zustimmend und begann zu erklären, warum sie gekommen waren.

»Mit den Kindern gab es eigentlich nie Probleme. Nur das Übliche. Als sie die Ausbildung fertig hatten, dachten wir, unsere Elternrolle wäre so gut wie abgeschlossen. Aber wir hatten uns geirrt! Nick, unser Zweiter, hat eine gute Uni besucht, und wir glaubten, er würde schon seinen Weg machen. Er nahm erst ein paar Jobs an und wohnte fast ein Jahr lang bei einem Freund, während er nach einer Stelle in seinem Fachgebiet suchte. Als er nichts fand, verlor er langsam den Mut und fragte, ob er wieder zu uns nach Hause kommen könnte.«

»Was sollten wir machen?«, fuhr Janine fort. »Er schaffte es einfach nicht. Er kam sich vor wie ein Versager und hatte überhaupt keinen Antrieb mehr, es weiter zu versuchen. Wir hatten ihn noch nie so erlebt, also ließen wir ihn heimkommen. Allerdings fragten wir uns auch, ob wir als Eltern irgendwo versagt hatten. Nick ist jetzt drei Monate zu Hause und hockt eigentlich nur herum. Manchmal denken wir, wir sollten ihn einfach in Ruhe lassen, damit er sich erholen kann. Dann wieder würden wir ihm am liebsten den Hals umdrehen und ihn aus dem Haus jagen. Wir kommen uns vor wie auf der Achterbahn. Wir machen uns Sorgen, wir sind frustriert und haben Angst.«

»Wenn wir mit ihm reden wollen«, schaltete Henry sich wieder ein, »dann sieht er uns nur mit traurigen Augen an und versucht nett zu sein, sagt irgendwas wie: ›Ich will's versuchen, Papa‹ oder nickt einfach mit dem Kopf. Und dann geht er in sein Zimmer oder setzt sich vor den Fernseher. Er hat sich nicht einmal um einen Job beworben, nur die Stellenanzeigen angeschaut.«

Dr. Braun bat die Mitchells, einmal zu beschreiben, wie Nick sich in der Schule und an der Uni verhalten hatte.

»Er war immer unbekümmert, hatte viele Freunde. Er trieb gern Sport und leitete eine Jugendgruppe in der Gemeinde«, berichtete Janine. »Er schrieb überdurchschnittlich gute Noten, auch wenn er nicht viel dafür tat. Erst hatte er keine Lust, zur Uni zu gehen, hat sich dann aber rasch eingewöhnt. Auch dort kam er recht gut durch, war aktiv und hatte wohl auch hier und da mal eine Freundin, aber nichts Festes. Nach dem Abschluss wusste er nicht, was er tun sollte. Aber das ist ja heute nichts Ungewöhnliches. Er ging wohl davon aus, irgendetwas würde sich schon zeigen. Als nichts passierte, fragte er, ob er nach Hause kommen könnte. Was meinen Sie, haben wir als Eltern etwas falsch gemacht?«

Noch ehe Dr. Braun antworten konnte, brachte Henry vor, was ihn bewegte: »Wieso versucht er nicht, auf eigenen Füßen zu stehen? Als wir so alt waren, konnten wir es kaum erwarten, von zu Hause auszuziehen und selbst zurechtzukommen. Was ist mit ihm los?

Vielleicht hat er das an der Uni gelernt«, versuchte er seine eigene Frage zu beantworten. »Oder vielleicht hätten wir strenger sein und ihm früher beibringen sollen, auch finanziell Verantwortung zu übernehmen. Ich wünschte, wir hätten noch die allgemeine Wehrpflicht. Nach zwei Jahren beim Militär wüsste er, was Verantwortung für das eigene Leben bedeutet.«

Janine beugte sich vor: »Pst, Henry. Du nimmst wieder alle Schuld auf dich. Wir brauchen Hilfe für Nick. Deshalb sind wir hier.«

»Aber wir haben doch gerade erst angefangen. Und wir haben Dr. Braun noch gar nichts von Jennifer erzählt.«

»Ist sie älter als Nick?«

»Ja, Jennifer ist achtundzwanzig und hat eine dreijährige Tochter. Letzte Woche ist sie mit Bonnie wieder bei uns eingezogen, und das hat uns eigentlich dazu gebracht, Hilfe zu suchen. Sie war fünf Jahre verheiratet. Ihr Mann ist vor ein paar Monaten bei einem Autounfall ums Leben gekommen. Sie waren nicht gut versichert, so dass sie das Haus, das sie erst vor kurzem gekauft hatten, nicht halten konnte. Sie hat es verkauft und braucht jetzt erst einmal unsere Hilfe.

Jennifer war immer sehr verantwortungsbewusst. Sie war gut in der Schule und hat dann eine Ausbildung zur Krankenschwester angefangen. In den letzten vier Jahren hat sie aber nur Teilzeit gearbeitet und meint, sie müsste jetzt erst einmal ein paar Kurse belegen, bevor sie wieder voll einsteigen kann. Wir haben Verständnis für ihre Situation und wollen ihr gern helfen. Was wir nicht verstehen, das ist unsere eigene Reaktion. Wir haben unsere Enkeltochter sehr gern. Aber wir hatten nicht damit gerechnet, dass wir uns so sehr um sie würden kümmern müssen, und auch nicht damit, dass noch mal beide Kinder zu uns zurückkommen würden.«

»Bumerang-Kinder«

Vielleicht haben auch Sie einen Nick oder eine Jennifer zu Hause oder in der Nachbarschaft, denn ihre Zahl nimmt ständig zu. Nicht die Tatsache, dass zwei Generationen unter einem Dach leben, verursacht Probleme. Vielmehr ist es die meist unerwartete Rückkehr ins Elternhaus – der Bumerang-Effekt. Man denkt, sie seien fort, und dann kommen sie auf einmal wieder.

Wie reagieren?

Wie die Mitchells erkannt hatten, war das Hauptproblem nicht unbedingt die Rückkehr der Kinder, sondern ihre eigene Reaktion darauf. Als sie sich erst einmal selbst besser verstanden und ganz praktische Wege gefunden hatten, mit Nick und Jennifer umzugehen, nahmen auch ihre Ängste ab. Die Eltern und die zwei erwachsenen Kinder konnten die unverhoffte Zeit miteinander genießen und sich auch an der kleinen Bonnie freuen.

Nach ein paar Gesprächen mit Dr. Braun baten die Eltern ihren Sohn Nick, einmal zu dem Therapeuten mitzukommen, denn schließlich gehe es um die ganze Familie. Nick wollte zunächst nicht. Schließlich benutzten seine Eltern das Druckmittel, das sie bislang vermieden hatten, und erklärten, da er nun einmal bei ihnen im Haus lebe, müsse er sich auch daran beteiligen, eine Lösung für das Problem zu finden, das ja durch ihn erst entstanden sei. Als er merkte, dass ihm kaum eine andere Wahl blieb, begleitete Nick seine Eltern zu mehreren Sitzungen.

Zu seiner eigenen Überraschung fand er die Gespräche äußerst hilfreich. Er lernte seine eigenen Ängste und die Ursache seiner Lethargie genauso verstehen wie die Gefühle seiner Eltern. Es dauerte nicht lange, da begann er eine Stelle zu suchen und ernsthaft zu überlegen, wie er sich die Zukunft vorstellte.

Da die Heimkehr von Jennifer nicht selbst verschuldet und auch nur vorübergehend war und sie sich außerdem selbst darum bemühte, ihren Wiedereinstieg in den Beruf vorzubereiten, konnten Janine und Henry entspannen und beginnen, die Zeit mit ihrer Enkelin zu genießen.

Was tun bei psychischen Problemen?

Junge Leute kehren aus den verschiedensten Gründen ins Elternhaus zurück. Meist spielt der Mangel an innerer Reife eine Rolle.

Manche Eltern haben jedoch durchaus Grund, sich um die seelische Gesundheit ihrer Kinder Gedanken zu machen, die in der Welt der Erwachsenen gescheitert sind und nun, gezeichnet von den erfolglosen Versuchen, das Leben zu meistern, zurückkehren.

Rose war ein solcher Mensch. Sie war neunundzwanzig, als sie wieder zu den Eltern zog. Ihr Selbstbewusstsein hatte unter den Ereignissen der letzten zehn Jahre enorm gelitten. Will, ihr Vater, erklärte dem Therapeuten: »Wir haben da ein echtes Problem. Rose ist psychisch wirklich angeschlagen, und wir wissen nicht, wie wir ihr helfen können. Wir haben nichts dagegen, dass sie eine Zeit lang bei uns wohnt, aber wir wissen, dass es auf lange Sicht nicht gut für sie ist.«

Dr. Clark war bereit, in der folgenden Woche mit Rose zu reden. Als sie kam, fiel ihm sofort auf, wie schüchtern und ängstlich sie war. Sie entschuldigte sich für ihr Zuspätkommen, obwohl sie zwei Minuten zu früh war. Im Laufe des Gesprächs sagte sie unzählige Male: »Tut mir Leid«, entschuldigte sich, dass sie seine Zeit in Anspruch nahm, dass sie weinen musste, dass sie ein Papiertaschentuch von ihm annahm und so weiter.

Roses Weg aus ihrem Nest war eher ein Fall gewesen und nur selten von erfreulichen Zeiten unterbrochen worden. Sie konnte sich noch erinnern, wie sie sich auf die Uni gefreut hatte. Noch besser erinnerte sie sich aber an die einsamen Wochenenden, wenn die anderen Mädchen mit ihren Freunden unterwegs waren und sie auf ihrem Zimmer oder in der Bibliothek saß. Sie bekam gute Noten und wurde von den Professoren gelobt, hatte aber nur wenige Freunde.

Rose machte ihr Diplom in BWL und fand schon bald eine Stelle in der Buchhaltung einer Firma am Ort. Sie zog in die erste eigene Wohnung. Die Arbeit gefiel ihr, sie hatte aber nach wie vor nur wenige Freunde. Dann engagierte sie sich in der Single-Arbeit einer großen Gemeinde. Sie besuchte die Treffen der Gruppe und half auch bei Projekten mit.

In den folgenden Jahren wurde sie verschiedentlich von jungen Männern zum Essen eingeladen, aber nur einer rief hinterher noch einmal bei ihr an.

Dann lernte sie Martha kennen, und die beiden beschlossen zusammenzuziehen und sich die Kosten zu teilen. Das war für Rose eine glückliche Zeit. Die beiden Frauen hatten viele gemeinsame Interessen. »Wir waren wirklich gern zusammen«, berichtete Rose. »Aber im Jahr darauf lernte Martha einen Mann kennen, und da haben wir natürlich nicht mehr so viel miteinander unternommen. Ein Jahr später hat sie geheiratet und ist weggezogen.

Ich habe mich natürlich für sie gefreut, aber trotzdem hat es mir wehgetan. Ich kam mir irgendwie verloren vor, als sie weg war.«

Im Gespräch erfuhr der Therapeut, dass Rose unter Depressionen litt. Mitglieder der Gemeinde hatten versucht, ihr Mut zu machen, hatten sie zu verschiedenen Veranstaltungen eingeladen, ihr depressives Verhalten hatte sie aber schließlich abgestoßen, und Rose war nach und nach aus der Gruppe gerutscht.

Die Depression hatte auch Auswirkungen auf ihre Arbeit. Das ging so weit, dass ihr Chef ihr vorschlug, sie solle sich nach einer anderen Stelle umsehen. Das war der letzte Tropfen, der das Fass zum Überlaufen gebracht hatte, denn die Arbeit war der einzige Ort gewesen, der ihr noch Halt gegeben und an dem sie etwas vorzuweisen hatte. »Ich kam mir vor wie ein völliger Versager. Drei Monate später entließen sie mich. Ich hatte einfach nicht die Kraft, mich nach einem neuen Job umzusehen, deshalb habe ich meine Eltern gefragt, ob ich wieder nach Hause kommen kann.«

Rose ist ein typisches Beispiel für ein Bumerang-Kind – sie kommen angeschlagen zurück. Ihre Erfahrungen in der Welt der Erwachsenen haben ihre seelischen Kräfte aufgebraucht, und psychische und körperliche Probleme tragen dazu bei, dass sie sich lieber vom Leben zurückziehen als neue Ziele zu verfolgen.

Eltern, die ihren müden Kindern die Tür öffnen, sind oft selbst müde und erschöpft. Sie wissen nicht, wie sie ihren erwachsenen Kindern begegnen sollen, und das frustriert oder deprimiert sie.

Roses Vaters zeigte Verantwortungsbewusstsein, als er sich schon wenige Wochen nach der Rückkehr seiner Tochter um Hilfe bemühte. Seine Frau und er waren bereit, Rose eine Zuflucht zu bieten, aber sie waren nicht in der Lage, auch mit ihren seelischen und zwischenmenschlichen Problemen fertig zu werden. Dadurch, dass er so schnell Hilfe suchte, gab er zu, dass er selbst mit der Situation überfordert war. Das ist ein wichtiger Schritt im Umgang mit Bumerang-Kindern. Viele Eltern unternehmen nichts und hoffen, ihr Kind werde sich schon von selbst wieder fangen und in die Erwachsenenwelt zurückkehren. Doch aus Monaten können Jahre werden, und das Kind wird immer unselbständiger.

Für Rose fand sich bald Hilfe. Neben der Therapie an ihr und ihren Eltern konnte Dr. Clark sie zu einem Kurs anmelden, in dem ihr Selbstbewusstsein aufgebaut wurde. Dort lernte sie manches Hilfreiche und fand auch neue Freunde. Danach besuchte sie noch einen Kurs über Beziehungen. Hier lernte sie, wieso es ihr in der Vergangenheit nicht gelungen war, langfristige Beziehungen einzugehen. Mit Hilfe der Gruppe und der Einzelberatung konnte sie einige Verhaltensmuster korrigieren, die sie bislang blockiert hatten.

Drei Monate nach ihrer Rückkehr zu den Eltern hatte sie eine neue Stelle gefunden, und neun Monate später zog sie zusammen mit einer anderen Frau wieder in eine eigene Wohnung. Die Depression war gewichen, und sie freute sich wieder auf die Zukunft. Das war vor fünf Jahren. Inzwischen ist Rose seit zwei Jahren verheiratet und erwartet ihr erstes Kind. Sie betrachtet das Jahr bei ihren Eltern als Wendepunkt in ihrem Leben, als Zeit, in der sie sich mit Problemen auseinander setzen konnte, denen sie sich früher nicht gestellt hatte, und in der sie konkrete Schritte unternahm, um negative Verhaltensmuster zu überwinden.

Strategen und Unsichere

In Kapitel 1 haben wir kurz zwei Typen von »Heimkehrern« erwähnt, die Strategen und die Unsicheren. Jetzt wollen wir die Merkmale dieser beiden Gruppen etwas genauer untersuchen.

Unterschiede zwischen Strategen und Unsicheren

Strategen betrachten die Zeit zu Hause als Vorbereitung. Sie möchten durch den Wiedereinzug Geld sparen, eventuell Schulden zurückzahlen und für die Zukunft planen. Für sie ist das Elternhaus eine geschützte, nicht allzu kostspielige Umgebung, von der aus sie in aller Ruhe den richtigen Job oder den richtigen Partner suchen können.

Sicher, es kann den Anschein erwecken, als würden sie nur langsam erwachsen. Die Strategen verstehen es in der Regel aber sehr gut, die Gegebenheiten zu ihrem Vorteil zu nutzen, oft ohne ihrer Familie zur Last zu fallen. Selbst wenn sie nicht auf Anhieb die richtige Richtung einschlagen, sie arbeiten doch, und viele von ihnen beteiligen sich auch an den Haushaltskosten.

Es ist erwiesen, dass Strategen im Allgemeinen gut daran tun, nach Hause zurückzukommen und sich dort finanziell und sozial auf eine gesicherte Zukunft vorzubereiten. Sie sind eine Belebung für die Eltern, und die Beziehung zur Familie wächst und festigt sich in der Regel in einer Atmosphäre gegenseitigen Respekts und Verständnisses.

Die *Unsicheren* kommen nach Hause, weil es nicht anders geht. Sie haben nichts weiter vor, als »ein Weilchen zu Hause zu bleiben«. Sie empfinden die Außenwelt als Bedrohung und wollen nicht allein kämpfen. Die Welt ist für sie kein weites Feld voller Chancen und Möglichkeiten. Sie wollen die Sicherheit des Elternhauses nicht aufgeben und sind einfach noch nicht bereit für den anstrengenden Wettbewerb und schnellen Wechsel in der modernen Gesellschaft.

Junge Erwachsene, die zu dieser Gruppe gehören, haben unterschiedliche Motive. Die meisten sind ganz normale junge Menschen, bei denen der Reifeprozess einfach etwas langsamer verläuft. Wenn ihre Eltern den rechten Weg mit ihnen finden, dann erreichen sie auch die Stufe, die nötig ist, um auf eigenen Füßen zu stehen und ein produktives, sinnvolles Leben zu führen. Sie brauchen einfach etwas mehr Zeit im sicheren Nest. Wenn Eltern ihnen mit Verständnis begegnen, haben sie später Grund zur Freude und können stolz sein auf ihre selbständigen erwachsenen Kinder.

Gelegenheiten für Eltern

Eltern, deren erwachsene Kinder zu Hause leben, können sich aus verschiedenen Gründen glücklich schätzen. Erstens können sie ihren Kindern helfen. Viele Eltern verlieren den Kontakt zu den Kindern, wenn sie erst einmal erwachsen sind. Eltern von unsicheren Kindern haben auch Gelegenheit, Fehler der Vergangenheit zu korrigieren und sich von den Schuldgefühlen zu lösen, die sie sonst häufig, manchmal ein Leben lang, quälen. Sie können ein neues Band der Liebe und Zuneigung zu den heimkehrenden Kindern knüpfen und alte Bande stärken. Damit schaffen sie Erinnerungen, die für beide Teile wertvoll sind.

Ein anderer positiver Aspekt ist der, dass Eltern miterleben können, wie sich das Wertsystem ihrer Kinder entwickelt. Der zweiundzwanzig Jahre alte Bobby ist zum Beispiel nach vier Jahren Uni ohne Abschluss zurückgekommen. Jetzt sucht er eine Stelle und überlegt, was er in seine Bewerbung schreiben soll: »Studienabschluss« oder »Besuch der Universität«. Würde die zweite Formulierung bei den Personalmanagern nicht unnötige Fragen provozieren? Wird der zukünftige Arbeitgeber sich die Unterlagen wirklich so genau ansehen? Soll er ehrlich sein oder tun, was ihm nützlich erscheint? Solche Fragen gehen Bobby durch den Kopf, und er beschließt, seine Eltern zu fragen. Sie können ihm helfen zu überlegen, wie wichtig Ehrlichkeit ist. In dieser Phase seines Lebens kann ihr Einfluss seinen Erfolg oder sein Versagen auf Jahre hinaus prägen. Würde er nicht bei seinen Eltern wohnen, hätte Bobby das Thema vielleicht nie mit ihnen besprochen.

Die meisten Unsicheren brauchen seelische Unterstützung, wenn sie nach Hause kommen, und das kann die Eltern in eine schwierige Lage bringen. Die Kinder haben Niederlagen erlebt oder Erfahrungen gemacht, mit denen sie nicht zurechtkamen. Sie sind verletzt und brauchen Liebe und Unterstützung. Als Eltern müssen wir uns daran erinnern, dass wir *alle* die Liebe und Unterstützung unserer Eltern brauchen, bis zu unserem Tod. Und wenn die Eltern sterben, dann brauchen wir die Erinnerung an ihre Liebe und Fürsorge.

In schwierigen Zeiten kann man das leicht vergessen. Wenn ein verunsichertes Kind nach Hause zurückkehrt, dürfen wir das Gesamtbild nicht aus den Augen verlieren. Wenn wir nach bestem Können und Vermögen unseren elterlichen Verpflichtungen nachkommen, dann werden wir erleben, wie die Wunden unseres Kindes heilen, es sich erholt und wieder flügge wird. Im Moment mag uns alles eher wie ein Alptraum vorkommen. Vielleicht fühlen wir uns betrogen, wenn wir mit ansehen müssen, wie unser Nachwuchs so offensichtlich scheitert. Wir können die Situation aber auch als wunderbare Chance begreifen. Die Zukunft ist kein schwarzes Loch. Unser erwachsenes Kind wird sich erholen. Es wird wieder zu Kräften kommen und es noch einmal versuchen. Geht es nicht letztlich im Leben einfach darum?

Liebevoll . . . und anspruchsvoll

Wenn ein erwachsenes Kind in Not gerät, Enttäuschung und Schmerz erlebt, dann hat die Art, wie es von Familie und Freunden behandelt wird, einen ganz entscheidenden Einfluss darauf, wie es sich weiterentwickelt. Wenn ihm mit Achtung, Ermutigung, Liebe und Unterstützung begegnet wird, dann wird es aus den schwierigen Zeiten gereift hervorgehen. Wenn es bei den Eltern aber auf Befremden, Enttäuschung und Ärger stößt, dann leidet es noch mehr, wird verbittert und die Probleme werden nur noch größer.

Eltern müssen darum bei ihren Hilfeversuchen auf ein gesundes Gleichgewicht achten. Einerseits sollen sie ihre Liebe, ihre Ermutigung und unter Umständen auch ihren finanziellen Beistand anbieten. Andererseits sollen sie das erwachsene Kind aber auch ermuntern, selbst Verantwortung zu übernehmen und unabhängig zu werden. Weil Letzteres schwieriger zu erreichen ist, wollen wir ein paar Anhaltspunkte nennen, wie Sie erfolgreich vorgehen können. Wichtig ist, dass Eltern und erwachsenes Kind sich über diese Punkte einigen. So können Sie Ihrem erwachsenen Kind in Liebe, aber auch mit angemessenen Forderungen begegnen:

1. *Setzen Sie für die Zeit zu Hause eine zeitliche Grenze.* Das muss kein fixer, unbeweglicher Termin sein. Aber es sollte eine Übereinkunft darüber geben, wie lang die Abmachung in etwa gelten soll. Es wird das Zusammenleben für alle leichter machen, wenn sie wissen, dass es ein Ende gibt. (Anregungen, wie eine solche Übereinkunft erreicht werden kann, finden Sie in Kapitel 3.)

2. *Treffen Sie eine finanzielle Vereinbarung,* die sowohl die finanzielle Situation wie auch die Ziele und Erwartungen aller Betroffenen berücksichtigt. Es kommt nur selten vor, dass der junge Mensch gar keinen Beitrag zu den Haushaltskosten leisten kann. Dann kann er sich auf andere Weise beteiligen, indem er beim Putzen hilft, bei der Gartenarbeit, Reparaturen übernimmt usw.

3. *Nehmen Sie Rücksicht auf die Privatsphäre des anderen.* Der Freiraum, den einzelne Menschen brauchen, ist unterschiedlich, und diese unterschiedlichen Bedürfnisse können zu Reibereien und Missverständnissen führen. Gerade in diesem

Bereich zahlen sich offene Gespräche aus. Es geht nicht nur um die räumlichen Bedürfnisse, sondern auch um den Gebrauch des Telefons und anderer Gegenstände und um Lärm.

Wenn erwachsene Kinder mit Kind zurückkehren

Oft bringt ein Bumerang-Kind sein eigenes Kind mit nach Hause. In solchen Fällen kann der Stress für die Eltern explosionsartig zunehmen. Sie müssen sich nicht nur mit dem eigenen Kind auseinander setzen, sondern gefühlsmäßig wie auch ganz praktisch mit der Betreuung eines Enkelkindes zurechtkommen. George und Sally fanden sich in dieser Situation wieder. Ihre Tochter Lisa zog mit ihren zwei Kindern zu ihnen. Ihr Mann habe sie in den vergangenen fünf Jahren häufig geschlagen, berichtete sie den Eltern, und sei nun mit einer anderen Frau zusammen, die er bei der Arbeit kennen gelernt habe. Lisa war böse auf Stan und auch auf sich selbst, weil sie seine Tätlichkeiten so lange erduldet hatte.

Die Kinder begriffen nicht, was mit Papa los war. Sie freuten sich, dass sie jetzt bei den Großeltern wohnten, fragten aber häufig: »Wann kommt Daddy?«

George und Sally öffneten ihrer Tochter und deren Kindern Tür und Herz. Sie wussten, dass die Situation eine radikale Veränderung ihrer Gewohnheiten mit sich bringen würde. Aber sie sahen im Moment keine Alternative. Es war ihnen aus finanziellen Gründen nicht möglich, für Lisa eine eigene Wohnung zu mieten. Außerdem war ihnen klar, dass ihre Tochter gerade jetzt ihre seelische Unterstützung brauchte.

Noch in der ersten Woche setzten sich auf ihren Vorschlag hin alle drei zusammen, um die Situation zu besprechen und zu überlegen, wie es weitergehen sollte. »Lisa, du sollst wissen, dass wir alles tun werden, um dir in dieser schwierigen Phase zu helfen«, begann George. »Du hast das nicht gewollt. Aber wir können im Moment nichts ändern und müssen sehen, wie wir zurechtkommen. Wenn wir die Sache meistern wollen, dann müssen wir zusammenhalten. Lass uns zuerst einmal eine Liste anlegen mit allen Punkten, die wir in den nächsten Wochen zu bedenken haben.«

Gemeinsam notierten sie dann Folgendes:
- Kinderbetreuung,
- seelische und körperliche Gesundheit der Kinder,
- Essen,
- Finanzen,
- seelische Gesundheit von Lisa,
- rechtliche Fragen im Zusammenhang mit Stan,
- seelische Gesundheit von George und Sally.

»Wahrscheinlich gibt es noch mehr, aber für den Anfang soll das einmal reichen. Was meint ihr, wenn wir jetzt erst einmal die dringendsten Fragen besprechen und uns dann nächste Woche die anderen Punkte vornehmen?«, fragte George. »Was liegt dir am meisten auf dem Herzen, Lisa?«

»Für mich ist alles irgendwie gleich wichtig. Ich weiß, dass ich mich um die Kinder kümmern muss, und das ist schon ein Vollzeitjob. Ich denke auch, dass Stan die finanziellen Konsequenzen tragen sollte. Er soll regelmäßig Unterhalt für die Kinder zahlen, damit wir finanziell durchkommen. Ich glaube, das sind für mich im Moment die beiden dicksten Brocken.«

»Dann wollen wir heute erst einmal über diese beiden Dinge reden«, schlug George vor.

Sie kamen überein, dass sie sich in der folgenden Woche nach einem Anwalt für Lisa umsehen wollten, damit Stan für den Unterhalt der Familie herangezogen werden konnte. Sie machten auch ab, dass Lisa eine Therapie beginnen sollte, um ihre Gefühle zu ordnen. Sally, die eine Halbtagsstelle in der Bibliothek hatte, war bereit, an den Nachmittagen, an denen Lissy zum Anwalt oder in die Therapie musste, auf die Kinder aufzupassen.

In den folgenden Wochen fanden noch mehrere Familienkonferenzen statt, bei denen die verschiedenen Aspekte des Familienlebens besprochen und praktische Vereinbarungen getroffen wurden. Nach drei Monaten beschloss die Familie, Lisa solle versuchen, innerhalb eines Jahres eine Teilzeitstelle und für sich und die Kinder eine eigene Wohnung zu finden. Mit diesem Einkommen und dem Geld, das sie von Stan zu bekommen hoffte, sollte sie dann in der Lage sein, sich selbst durchzubringen.

Nach 15 Monaten zog Lisa aus. Sie hatte eine Arbeit gefunden, die sie von zu Hause aus machen konnte. Die Kinder gingen am Vormittag in den Kindergarten, und George und Sally waren bereit, an zwei Abenden pro Woche auf die Enkel aufzupassen, damit Lisa Zeit hatte, sich auch einmal mit Freunden zu treffen.

Staatliche und andere Hilfen

Wenn erwachsene Kinder nach Hause kommen, sind viele Eltern nicht in der Lage, allein mit den Problemen fertig zu werden, die sie mitbringen. Es ist wichtig, sich das ehrlich einzugestehen und sich auch anderswo nach Hilfe umzusehen. Therapeuten, Pfarrer und Ärzte können Rat und Hilfe geben. Volkshochschulen, soziale Einrichtungen, Selbsthilfegruppen, Bibliotheken und Gemeinden führen oft Kurse und Programme durch, in denen Menschen mit psychischen, finanziellen oder körperlichen Problemen praktische Hilfe finden können. Eltern, die ihren zurückgekehrten Kindern Mut machen, solche Angebote in Anspruch zu nehmen, erweisen nicht nur den jungen Leuten, sondern auch sich selbst einen großen Dienst.

Das gilt ganz besonders auch für Familien mit behinderten Kindern. Viele dieser Kinder leben auch dann noch zu Hause bei den Eltern, wenn sie bereits erwachsen sind. Das kann für die Eltern ein sehr anstrengender Dauerzustand werden. Denn nicht nur ihre Kinder brauchen Betreuung, auch sie selbst brauchen Hilfe.

Neben den Beratern der Krankenversicherungen und Gesundheitsämter sind auch Kirchen und diakonische Einrichtungen oft bereit, sich zu engagieren, wenn sie wissen, wie und wo sie helfen können. Eltern können oft am besten einschätzen, was ihrer Familie nützt, und sie sollten sich nicht scheuen, den Zuständigen in ihrer Gemeinde entsprechende Vorschläge zu machen. Wir alle kennen Geschichten von behinderten Menschen, die gute Kontakte zur Nachbarschaft haben. Diese Kontakte müssen aber koordiniert werden, und das geschieht am besten durch die Eltern.

Wenn die elterliche Geduld nicht hilft – Abschied nehmen

Wenn Kinder nach Hause kommen, müssen Eltern sich immer wieder ins Gedächtnis rufen, dass sie erwachsen sind und die Verantwortung für ihr Leben selbst übernehmen müssen. Alles Planen, alle Hilfe und Unterstützung wird nichts nützen, wenn der junge Mensch nicht bereit ist, etwas zu ändern. Wenn er beschließt, sich der elterlichen Liebe und Fürsorge wieder zu entziehen, dann sollte er die Freiheit dazu haben.

Manchmal gehen die Kinder aber nicht von selbst. Sie bleiben vielmehr zu lange. Wenn ein Bumerang-Kind nicht gehen will, befinden sich die Eltern in einer schwierigen Situation. Sie wissen, dass ihr Kind sich eigentlich selbst um sich kümmern sollte. Es hat sich von seinen früheren Erfahrungen erholt und wieder gefangen. Und doch will es nicht selbst die Verantwortung für sein Leben übernehmen.

Ralph zum Beispiel wohnt mit seinen achtundzwanzig Jahren immer noch zu Hause. Beim Studium hat er sich nicht allzu sehr angestrengt, die Noten waren jämmerlich bis gut, aber bis zum Abschluss hat er es nicht gebracht. Er begeisterte sich für ein bestimmtes Fachgebiet, besuchte einige Kurse und verlor dann wieder das

Interesse. Obwohl er durchaus imstande war, etwas zu leisten, schien er immer eine Möglichkeit zu finden, die Erwartungen von Eltern und Lehrern zu enttäuschen. Bei seinen Freunden verhielt er sich wie ein Schmetterling, und er schien auch weder die Zeit noch die Neigung aufzubringen, es an einer Arbeitsstelle einmal etwas länger auszuhalten.

Seine Eltern bestanden schließlich darauf, mit ihm zusammen eine Familientherapie zu besuchen. Sechs Monate lang gingen sie regelmäßig zu den Sitzungen. In dieser Zeit stellte sich immer deutlicher heraus, dass Ralph nicht bereit war, sich zu engagieren oder selbständig zu werden. Sein Vater wollte, dass er von zu Hause auszog, seine Mutter dagegen empfand das als »grausam«. Im Gespräch mit dem Therapeuten einigten sie sich auf einen Plan, der sowohl dem Wunsch des Vaters entsprach, etwas zu unternehmen, wie dem der Mutter, den Übergang freundlich zu gestalten.

Die Eltern erklärten Ralph ihren Plan. Sie würden ihm eine Wohnung suchen und sechs Monate lang für seinen Unterhalt aufkommen. Danach würden sie die Unterstützung einstellen, so dass er nach einem halben Jahr auf sich allein gestellt war. Auch wenn es ein Risiko war, sie hatten das Gefühl, ihnen bliebe keine andere Wahl.

Ralph wurde fuchsteufelswild und begann zu schimpfen: »Ich bin euch wohl völlig egal?! Ordentliche Eltern setzen ihr Kind nicht einfach auf die Straße. Das werde ich euch nie verzeihen. Ihr werdet es noch bereuen!« Sein Jähzorn ließ seine Mutter beinahe einlenken, doch sie konnte erkennen, dass Ralphs Reaktion gerade darauf hindeutete, dass eine gewisse Härte in seinem Fall durchaus angebracht war.

Als es mit den Wutanfällen nicht klappte, versuchte Ralph mit seinen Eltern zu verhandeln. Er versprach, er würde sich an der Uni mehr anstrengen und mehr Verantwortung übernehmen, wenn er nur zu Hause bleiben könnte. Sein Vater erinnerte ihn daran, dass er das auch schon früher gesagt hatte, ohne dass den Worten Taten gefolgt waren. Für die Mutter war das alles sehr schwierig. Im tiefsten Innern wusste sie aber, dass es so das Beste war für Ralph.

Als er einsah, dass es keinen anderen Weg gab, zog Ralph aus. Und allmählich begann er sich zu ändern. Er fand eine Stelle, die ihm ein Auskommen verschaffte, wenn er seinen Lebensstil etwas einschränkte. Schließlich lernte er es auch, für sein Leben Verantwortung zu übernehmen. Heute ist er dankbar dafür, dass seine Eltern standhaft geblieben sind.

Manchmal müssen Eltern die Initiative ergreifen, müssen einen Termin setzen und dann auch dafür sorgen, dass er eingehalten wird. Es geschieht letztlich zum Besten des erwachsenen Kindes, wenn sie es auffordern, ihr Haus zu verlassen. Das ist Liebe – entschlossene, aber echte Liebe – in Aktion.

Bumerang-Kinder lieben

Bumerang-Kinder können Sie vor eine ganze Reihe kritischer Situationen stellen. Dann sind Anpassung, Phantasie, die Bereitschaft, auch einmal Neues zu wagen, Strenge, Liebe und viele andere Fähigkeiten gefragt, die Sie im Lauf Ihres Elternseins erlernt haben. Sie haben es in der Vergangenheit geschafft, und Sie müssen nun daran glauben, dass Sie auch mit den Anforderungen von heute zurechtkommen werden. Sie wollen Ihren Kindern helfen, selbständig und unabhängig zu werden. Dazu müssen sie das häusliche Nest irgendwann wieder verlassen und versuchen, auf eigenen Füßen zu stehen.

Die meisten Bumerang-Kinder reagieren positiv auf die Liebe und die Ermunterungen ihrer Eltern. Sie befinden sich in einer kritischen Phase ihres Lebens und wissen, dass sie Hilfe brauchen. Und sie sind ja auch an den Ort zurückgekehrt, von dem sie sich Hilfe erwarten.

Wenn Sie alle, Kinder wie Eltern, die Zukunft im Blick behalten, dann können Sie optimistisch an die Probleme herangehen. Die Beziehung zwischen Ihnen wird ein Leben lang bestehen und ein Leben lang wichtig sein. Deshalb liegt es in Ihrer aller Interesse, die Zukunft in Liebe zu planen und so anzugehen, dass allen gedient ist.

5. Hindernisse auf dem Weg zur Unabhängigkeit

Alex war ein sympathischer junger Mann. Wer ihn kannte, mochte ihn. Fröhlich, gut aussehend und vielseitig begabt, fand er direkt nach dem Studienabschluss eine Stelle in einem Industriebetrieb. Die Arbeit gefiel ihm (schon im Studium hatte er seinen Schwerpunkt in diesem Bereich gesetzt), und am Anfang ging alles gut. Nach einem halben Jahr erhielt er eine positive Beurteilung und eine Prämie. Seine Eltern freuten sich für ihn.

Ein Jahr später jedoch begann sich seine Einstellung zu verändern. Er reagierte gereizt, wenn man ihn um einen Gefallen bat, und fing an, sich bei Kollegen über die Firma zu beschweren. Wenn er Besprechungen versäumte oder zu spät zur Arbeit kam, erfand er Ausreden. Als die Qualität seiner Arbeit nachließ, wurden wichtige Projekte anderen Mitarbeitern übergeben. Sein Chef tat alles, um Alex zu helfen, und nahm sich viel Zeit, um ihn zu ermutigen. Er übertrug ihm sogar neue Aufgaben, von denen er meinte, sie würden ihm besser zusagen. Doch es half alles nichts. Alex fand immer eine Möglichkeit, die Sache zu verpatzen.

Als er schließlich entlassen wurde, beschwerte er sich bitterlich über das vermeintliche Unrecht. Er drohte, die Firma zu verklagen, und ging sogar zu einem Rechtsanwalt. Der bemühte sich, ihm klarzumachen, dass es für eine Klage keine Rechtsgrundlage gebe. Alex glaubte ihm nicht.

Es gelang Alex, eine neue Stelle zu finden, doch verhielt er sich dort ähnlich und wurde wieder nach rund zwei Jahren entlassen. Nach einem dritten Fehlversuch kehrte er zu den Eltern zurück.

Sie waren ratlos, versuchten ihm aber zu helfen, so gut sie konnten, und das Verhältnis zu ihrem Sohn war überraschend gut. Acht Monate später wohnte Alex aber noch immer zu Hause und unternahm kaum eine Anstrengung, eine neue Stelle zu finden. Seine Eltern konnten ihn schließlich überreden, bei einem Therapeuten Hilfe zu suchen, der sich besonders in der Behandlung von Depressionen und unterdrückter Wut auskannte.

Alex schaffte es, die zwei größten Hindernisse aus dem Weg zu räumen, die sich unseren Kindern auf dem Weg zur Unabhängigkeit in den Weg stellen. In diesem Kapitel wollen wir uns vier dieser Hindernisse ansehen. Und wir werden sehen, was wir als Eltern tun können, damit unsere Kinder sie überwinden und erwachsen und selbständig werden.

Vier gängige Hürden: Depression, Wut, Drogenmissbrauch, Hyperaktivität

Wenn alles gut geht, machen wir unseren Kindern in den unsicheren Jahren des Heranwachsens Mut. Wir erleben mit, wie sie ein gesundes Selbstbewusstsein entwickeln, ein Studium oder einen Beruf ergreifen, irgendwann selbst für sich aufkommen können und vielleicht eine eigene Familie gründen. Sie pflegen zwar weiterhin den Kontakt zu uns, aber er ist nicht mehr so eng wie früher. Wir können uns wieder unseren eigenen Interessen zuwenden und das Leben zu zweit genießen.

In der heutigen Zeit ist es jedoch durchaus nicht außergewöhnlich, dass ein erwachsenes Kind bis zu einem gewissen Punkt mit seinem Leben gut zurechtkommt, sich dann aber Problemen gegenübersieht, die es unter Umständen soweit lähmen, dass es nicht mehr weiter weiß. Das war bei Alex der Fall. Doch er konnte sich ändern, weil seine Eltern ihm zwar in Liebe, aber auch mit Strenge begegneten und er bereit war, sich raten zu lassen.

In der Regel sind es die Eltern, die ihre Kinder am besten kennen. Deshalb merken sie auch am ehesten, wenn etwas nicht in Ordnung und Hilfe nötig ist. Und doch zögern viele, weil sie nicht wissen, woran sie erkennen können, ob es sich wirklich um ein ernsteres Problem handelt.

Die vier gängigsten Hindernisse auf dem Weg zum Erwachsensein sind Depression, Wut, Alkohol- und Drogenmissbrauch und Konzentrationsstörungen oder Hyperaktivität.

Depressionen erkennen

Depressionen sind wohl das Problem, das im Leben junger Menschen am häufigsten Schaden anrichtet. Nicht nur, dass eine Depression an sich schon eine Krankheit ist, sie kompliziert auch alle anderen Probleme. Denken wir nur an Rose (s. Seite 65 ff.), die depressiv wurde, als ihre Mitbewohnerin auszog und Rose meinte, sie hätte nun keine Freunde mehr. Ihre Arbeit litt, und irgendwann kam sie sich vor wie ein völliger Versager.

Auch wenn Depressionen heute schneller erkannt werden als in der Vergangenheit, als Ursache für Probleme bei jungen Erwachsenen werden sie noch immer häufig übersehen. Depressionen bei jungen Erwachsenen ähneln denen bei Jugendlichen, und das macht sie so kompliziert, heikel und gefährlich. Kompliziert wegen ihrer vielen Ursachen und Wirkungen. Heikel, weil sie, auch beim jungen Menschen, meist nicht erkannt werden, bis ein Unglück passiert. Und gefährlich, weil eine Depression die schlimmsten Folgen haben kann – von Fehlern bei der Arbeit bis zum Selbstmord.

Schwere einer Depression

Depressionen sind in dieser Altersstufe schwer zu erkennen, weil ihre Symptome sich von den klassischen Symptomen der Erwachsenendepression unterscheiden. Ein junger Erwachsener mit einer *leichten Depression* redet und handelt zum Beispiel durchaus normal und zeigt äußerlich keine Symptome. Leichte Depressionen äußern sich in depressiven Phantasien, Tag- oder Nachtträumen. Sie sind nur erkennbar, wenn man die Denkmuster und -inhalte des betreffenden Menschen kennt. Nur wenige Fachleute können eine Depression in diesem Stadium erkennen.

Auch der junge Erwachsene mit einer *moderaten Depression* redet und handelt normal. Der Inhalt seiner Worte hat sich jedoch verändert und dreht sich meist um Dinge wie Tod, krankhafte Probleme oder Krisen. Da sich heute viele Erwachsene pessimistischen Gedankengängen hingeben, kann die Depression beim Heranwachsenden auch in diesem Stadium leicht unerkannt bleiben.

Die moderate Depression beim jungen Erwachsenen ist jedoch genauso gravierend und ernst zu nehmen wie beim älteren Menschen. Symptome und Auswirkungen unterscheiden sich jedoch in der Regel. Ein Erwachsener mit einer moderaten Depression sieht meist schrecklich aus, fühlt sich jämmerlich und ist in seinem Alltagsleben stark beeinträchtigt. Der junge Erwachsene dagegen wirkt nicht deprimiert. Wo er es doch tut, müssen wir darum annehmen, dass er bereits unter einer starken Depression leidet und echte Probleme hat.

Als Folge kann es zu einer *schweren Depression* kommen. Der seelische und auch körperliche Druck in dieser Phase kann ungeheuer, ja kaum erträglich werden. Dennoch wird der junge Erwachsene versuchen, seine Verfassung zu verbergen. Es gibt jedoch gewisse Hinweise auf eine Depression, die wir hier kurz schildern wollen.

Junge Leute wahren meist ganz unbewusst das Gesicht, vor allem im Beisein anderer. Man spricht darum auch von der »lächelnden Depression«. Wenn sie allein sind, lassen sie die Maske ein wenig fallen. Das kann für Eltern eine Hilfe sein, die ihre Kinder auch dann beobachten können, wenn diese meinen, niemand sehe sie. Ist der junge Mensch allein, kann er schrecklich traurig und elend aussehen. Sobald er jedoch das Gefühl hat, beobachtet zu werden, setzt er wieder ein Lächeln auf.

Als besorgte Eltern wollen Sie wissen, wie Sie erkennen, ob Ihr Kind unter einer Depression leidet, damit Sie etwas tun können, bevor ein Unglück passiert. Ein depressiver junger Erwachsener ist besonders anfällig für Druck von seinen Altersgenossen und wird leicht zum Opfer von Drogen, Alkohol und anderen selbstzerstörerischen Verhaltensweisen.

Symptome für eine Depression bei jungen Erwachsenen

Eine Depression lässt sich am besten identifizieren, wenn man ihre Symptome kennt und weiß, wie sie entsteht. Wichtig ist es auch, *alle* Symptome zu erkennen, da nur eines oder zwei noch nicht unbedingt auf eine klinische Depression hinweisen müssen. Eine echte Depression entwickelt sich in der Regel eher langsam.

Ein depressiver junger Erwachsener zeigt im Allgemeinen mindestens ein Symptom, das auch bei Erwachsenen vorkommt. Das kann ein Gefühl der Hilflosigkeit sein, der Hoffnungslosigkeit, Mutlosigkeit oder Verzweiflung. Es kann sich um Schlafprobleme (zu viel oder zu wenig Schlaf), Essprobleme – Gewichtsverlust oder Gewichtszunahme – oder Antriebsmangel handeln. Andere Symptome sind ein schwaches Selbstbewusstsein und Probleme im Umgang mit Wut. Dabei darf nicht vergessen werden, dass eine Depression Wut hervorruft.

Im Folgenden einige Symptome, die vor allem beim jungen Erwachsenen auftreten:
- *Verminderte Konzentrationsfähigkeit.* Das erste erkennbare Symptom einer leichten Depression ist im Allgemeinen eine Verkürzung der Konzentrationsspanne. Der junge Mensch ist nicht mehr in der Lage, sich so lange auf eine Sache zu konzentrieren wie früher. Die Gedanken schweifen ab, er wird immer zerstreuter. Diese Verminderung der Konzentrationsfähigkeit tritt meistens dann zutage, wenn er sich auf eine bestimmte Arbeit konzentrieren oder längere Texte lesen muss. Es fällt ihm

schwer, mit den Gedanken bei der Sache zu bleiben, und je mehr er es versucht, desto weniger gelingt es ihm. Das frustriert natürlich, und der Kranke nimmt an, er besitze nicht die intellektuelle Fähigkeit, die Arbeit zu erledigen; das wiederum schadet seiner Selbstachtung.
- *Tagträume.* Die verminderte Konzentrationsfähigkeit hat Auswirkungen auf die Arbeit des Betroffenen. Am Morgen mag er noch mit Aufmerksamkeit bei der Sache sein, doch im Laufe des Tages nimmt die Zerstreutheit zu. Verschlimmert sich die Depression, versinkt der Kranke zunehmend in Tagträumen. Leider wird das häufig als Faulheit oder mangelndes Interesse interpretiert.
- *Mangelhafte Arbeitsleistung.* Die logische Folge ist eine schlechte Arbeitsleistung. Darunter leidet natürlich wiederum die Selbstachtung des jungen Menschen, und das verstärkt wiederum die Depression.
- *Langeweile.* Je häufiger der junge Erwachsene sich seinen Tagträumen hingibt, desto mehr verfällt er in einen Zustand der Langeweile. Das zeigt sich gewöhnlich daran, dass er immer öfter und für immer längere Zeit allein sein will. Außerdem verliert er das Interesse an Dingen, die ihm früher Spaß gemacht haben.
- *Somatische Depression.* Wenn das Gefühl der Langeweile stärker wird und länger andauert, rutscht der Kranke allmählich in eine *moderate Depression.* An diesem Punkt beginnt er meist unter körperlichen Schmerzen zu leiden. Die Beschwerden können in verschiedenen Körperpartien auftreten, meistens werden sie aber als Leib- oder Kopfschmerzen beschrieben.
- *Rückzug.* Weil er sich so elend fühlt, zieht sich der Depressive nun oft von allen Menschen zurück, selbst von den besten Freunden. Und um es noch schlimmer zu machen, geht er ihnen womöglich nicht einfach aus dem Weg, sondern begegnet ihnen mit solcher Feindseligkeit, Unhöflichkeit oder Streitlust, dass

sie sich von selbst zurückziehen. Die Folge ist, dass er sehr einsam wird. Und da er sich seiner guten Freunde so gründlich entledigt hat, findet er sich nun unter Umständen in der Gesellschaft von Menschen wieder, die ihm nicht gut tun, vielleicht selbst labil sind, Drogen nehmen oder sonstwie in Schwierigkeiten stecken.

Wenn die Phase erreicht ist, die von Langeweile gekennzeichnet wird, können andere Symptome folgen. Der seelische und körperliche Schmerz in diesem Stadium ist manchmal unerträglich. Der junge Mensch mit einer schweren Depression wird diesen Zustand jedoch nicht unendlich ertragen. Irgendwann ist die Verzweiflung so groß, dass er etwas dagegen tun will. An diesem Punkt ist es nicht selten, dass der Kranke zu Alkohol oder Drogen greift, zu sexuellen Abenteuern oder Pornographie Zuflucht nimmt. Der völlige Rückzug von anderen Menschen ist ein Anzeichen für eine schwere Depression.

Das Erstaunlichste an diesem Punkt ist, dass viele junge Erwachsene selbst gar nicht wissen, dass sie an einer Depression leiden. Ihre Fähigkeit, ihren Zustand zu leugnen, ist erstaunlich gut ausgeprägt. Deshalb vermuten auch Freunde oder Eltern selten eine Depression.

Eine moderate bis schwere Depression ist nicht einfach eine Phase, die von selbst vorübergeht, sondern eine heimtückische Krankheit, die immer schlimmer wird, bis sie erkannt und behandelt wird.

Der unsichere Mensch ist für Depressionen anfälliger als der »Stratege«. Depressionen können aber bei jedem auftreten. Beim jungen Erwachsenen können sie Auswirkungen auf seine Lebensplanung, auf die Wahl des Ehepartners, auf seine Hobbys und Freundschaften haben. Oft sind sie ein verborgener Grund dafür, dass ein erwachsenes Kind nach Hause zurückkehrt und so zum Bumerang-Kind wird.

Fast jeder Mensch wird irgendwann einmal depressiv. Wenn Eltern ihren Kindern helfen wollen, müssen sie in der Lage sein, die Symptome zu erkennen.

Verschiedene Ursachen der Depression

Wichtig für die Eltern ist auch zu wissen, dass es verschiedene Arten von Depressionen gibt und dass sie unterschiedliche Ursachen haben. Eine Depression kann die Nebenwirkung einer *schweren körperlichen Erkrankung* sein. Sie kann auch eine *Reaktion* auf eine schmerzliche Lebenssituation, z.B. eine Verlusterfahrung sein. Nach einer Scheidung, nach dem Verlust der Arbeit, dem Tod eines Elternteils, dem Verlust einer Freundschaft oder nach finanziellen Verlusten kann eine Depression auftreten. Sie kann aber auch entstehen, wenn ein Lebenstraum in die Brüche geht.

Eine andere Form der Depression hat ihre Wurzeln in einer *biochemischen Störung,* die Denken und Gefühle aus dem Gleichgewicht bringt. Man spricht dann von einer *endogenen Depression*, einer Depression also, die »aus dem Körper« kommt.

Biologisch bedingte Depressionen können oft mit gutem Erfolg medikamentös behandelt werden. Nur etwa ein Drittel aller Depressionen hat aber eine biologische Ursache. Situationsbedingte Depressionen kommen weit häufiger vor, und die Gabe von Medikamenten hat dann so gut wie keinen Nutzen, es sei denn, die Depression dauert schon lange an und hat auch den Stoffwechsel des Körpers beeinflusst.

Hilfe bei Depressionen

Kommunikation pflegen

Was können Eltern tun, wenn ein Kind unter einer Depression leidet? Wichtig ist natürlich zunächst einmal zu erkennen, dass es sich um eine Depression handelt, bevor sie bedrohlich wird. Dann aber können Eltern viel bewirken. Allerdings befinden sie sich in einer schwierigen Situation, denn der Umgang mit depressiven Menschen ist nie einfach.

Trotz dieser Vorbehalte sollten Eltern sich bemühen, mit ihrem Kind im Gespräch zu bleiben. Einen depressiven Jugendlichen oder jungen Erwachsenen mit Fragen zu belästigen ist normalerweise vergebliche Liebesmühe. Er hat die Pubertät noch nicht lange hinter sich gelassen und kann darum unter Umständen noch pubertär reagieren. Wenn man versucht, ihn zum Reden zu bringen, mag man das Abwehrverhalten nur noch verstärken.

Was also können Sie tun, um die Kommunikation aufrechtzuerhalten? Wenn Ihr erwachsenes Kind nichts dagegen einzuwenden hat, sich mit Ihnen im selben Raum aufzuhalten, wenn Sie zum Beispiel beide lesen oder fernsehen, dann dürfen Sie sich schon glücklich schätzen. Denn das ist bereits eine Art von Kommunikation. Sie hat den Vorteil, dass Sie sich Zeit nehmen können. Sie sollten allerdings darauf achten, dass Sie nichts tun, was bei Ihrem Kind eine Abwehrhaltung hervorruft. Warten Sie lieber, bis Ihr Kind selbst die Initiative ergreift und ein Gespräch beginnt oder Sie nach Ihrer Meinung fragt. Es ist gut, wenn Sie es aussprechen lassen, was es bewegt. Dann können Sie eventuell einen Hinweis auf die vermutete Depression anbringen. Die meisten Erwachsenen sind eher empfindlich, wenn es um ihre seelische Gesundheit geht, und akzeptieren Ratschläge nur, wenn sie darum gebeten haben. Wenn die Beziehung zu Ihrem erwachsenen Kind so gut ist, dass es Ihre Nähe nicht meidet, wenn es entspannt ist, dann ist das eine gute Voraussetzung, um im geeigneten Moment einmal Ihre Sorge auszusprechen.

Vielleicht ergibt sich eine solche Gelegenheit aber nicht von allein, und Sie möchten etwas nachhelfen. Planen Sie einen Ausflug oder verbringen Sie auf andere Weise Zeit miteinander. Wenn Ihr Kind das Thema nicht von sich aus zur Sprache bringt, können Sie es vielleicht so oder ähnlich versuchen: »Ich will mich nicht aufdrängen, aber du sollst wissen, dass ich mir Sorgen mache.« Eine solche Bemerkung wird noch am ehesten auf ein positives Echo stoßen.

Vielleicht reagiert Ihr Kind mit leichtem Vorwurf: »Wie meinst du denn das?« Doch auch dann können Sie das Gespräch fortführen. Solange Sie freundlich und gewinnend bleiben, wird die Unterhaltung weitergehen, und Ihr Kind wird irgendwann begreifen, dass Sie sich tatsächlich Sorgen machen und Angst um es haben.

Es ist vor allem deshalb wichtig, das Thema so behutsam wie möglich zur Sprache zu bringen, weil Sie nicht wollen, dass Ihr Kind Sie missversteht. Der Wunsch, Hilfe zu suchen, sollte von Ihrem Kind ausgehen. Diese Hilfe kann in Gestalt eines Therapeuten auftreten, sie kann in einem Antidepressivum bestehen, einer konstruktiven Veränderung der Lebensumstände oder in allem zusammen. Wichtig ist, dass Ihre Beziehung zu Ihrem Kind in dieser schwierigen Zeit positiv bleibt.

Was sollte man für den Depressiven tun und was nicht?

Die meisten Eltern sind nicht in der Lage, ihren Kindern die nötige Hilfe zu bieten. Sie können ihnen aber Mut machen, professionellen Beistand zu suchen. Die folgenden Vorschläge wollen ein paar Anhaltspunkte geben, wie man unaufdringlich darauf hinarbeiten kann:

Was Sie tun können:
- Sagen Sie Ihrem Kind, Sie seien froh, wenn es Hilfe sucht.
- Sagen Sie ihm, Sie seien bereit zuzuhören, wenn es reden will.
- Akzeptieren Sie seine Gefühle und verurteilen Sie nicht. Wenn es sagt: »Ich fühle mich so leer«, dann können Sie zum Beispiel darum bitten, dass Ihr Sohn oder Ihre Tochter dieses Gefühl näher beschreibt.
- Achten Sie auf bedrohliche Signale: Redet das Kind von Selbstmord oder verhält es sich aggressiv gegen sich selbst?
- Informieren Sie den Therapeuten über solche Bemerkungen und Verhaltensweisen.

- Sagen Sie Ihrem Kind, dass Sie zu ihm halten und sicher sind, dass es mit seinen Problemen fertig wird.
- Machen Sie ihm Mut, Entscheidungen zu treffen, aber üben Sie keinen Zwang aus.

Was Sie nicht tun sollten:
- Sagen Sie Ihrem Kind nicht, es habe doch gar keinen Grund, deprimiert zu sein.
- Sagen Sie nicht, es sei doch alles in Ordnung.
- Ermahnen Sie es nicht, mit dem Gejammer aufzuhören und sich zusammenzunehmen.
- Sagen Sie nicht, das Problem habe mit dem Glauben zu tun.
- Sagen Sie nicht, die Depression sei von Fehlern der Vergangenheit verursacht.
- Versuchen Sie nicht, nach Gründen zu suchen.
- Geben Sie keine Ratschläge, sondern machen Sie vielmehr Mut, auf das zu hören, was der Therapeut oder Seelsorger sagt.

Sie *können* Ihrem Kind Mut machen. Sie können es unterstützen und eine Atmosphäre schaffen, die eine Genesung fördert, aber Sie können nicht der Therapeut sein. Mit der geeigneten Hilfe wird Ihr Kind die Depression überwinden und ein unabhängiges Leben führen können.

Wut und passiv-aggressives Verhalten

Unsere Gesellschaft hat ein großes Problem: unterdrückte Wut, die plötzlich zutage tritt. Es gibt Menschen, die ihr Auto als Waffe benutzen (oder aus dem Autofenster auf andere Verkehrsteilnehmer schießen), und andere, die Familienmitglieder verbal oder körperlich missbrauchen. Es gibt viele Arten von Wut. Bei Teenagern und jungen Erwachsenen äußert sie sich vor allem in einem *passiv-aggressiven Verhalten*. Genau wie die Depression wird es nur selten richtig gedeutet.

Eine Definition

Darum zunächst eine Definition des oft missverstandenen Begriffs. Passiv-aggressives Verhalten ist vor allem die unbewusste Absicht oder das Verlangen, genau das Gegenteil von dem zu tun, was von einem erwartet wird. In der Regel richtet sich dieses Verhalten gegen eine Autoritätsperson. Das zornige Individuum möchte die Autoritätsperson ärgern oder reizen.

Es gibt überhaupt keinen unproduktiveren Weg, mit der eigenen Wut umzugehen, als passiv-aggressives Verhalten, denn das bringt die Entscheidung mit sich, etwas Böses zu tun – und dieses Verhaltensmuster kann sogar zu einem Teil des Charakters werden. Zwar beginnt es im Unterbewussten, es kann aber bis zu einem gewissen Grad bewusst werden. Wo passiv-aggressives Verhalten nicht verstanden und behandelt wird, kann es das Leben eines Menschen schädigen und sogar zerstören.

Das wäre bei Alex beinah geschehen, der drei Arbeitsstellen verlor und dann zu seinen Eltern zurückkehrte. Wie gesagt konnten seine Eltern ihn dazu bewegen, eine Therapie zu beginnen. Nach ausführlichen Gesprächen kam die Therapeutin zu dem Schluss, dass Alex nicht nur an einer klinischen Depression litt, sondern auch unterschwellig wütend war. Es gelang ihr, beide Barrieren aus dem Weg zu räumen. Sie konnte ihm klarmachen, dass er mit seiner Wut tatsächlich passiv-aggressiv umging. Und sie stellte fest, dass er an einer klinischen Depression litt, die seine Wut verschlimmerte und sein Handeln dementsprechend beeinflusste.

Die Geschichte von Alex fand ein glückliches Ende. Die Therapeutin behandelte zuerst die Depression. Als die Therapie anschlug und der Ärger nachließ, konnte sie Alex auch aufzeigen, wo er mit seiner Wut nicht wie ein Erwachsener umging, sondern passiv-aggressiv reagierte.

Es dauerte über ein Jahr, bis sich bei Alex echte Fortschritte zeigten. Heute kennt er die Gründe für sein seltsames Verhalten und bekommt es immer besser in den Griff. Der passiv-aggressive Umgang mit dem Zorn ist äußerst schwer zu behandeln, es lohnt sich aber, einen langen Atem zu behalten. Eine Therapie ist in der Regel die einzige Möglichkeit, Hilfe zu schaffen.

Passiv-aggressives Verhalten erkennen

Nachdem wir das passiv-aggressive Verhalten an einem Beispiel geschildert haben, wollen wir nun zeigen, wie Sie es an Menschen Ihrer Umgebung erkennen können. Drei Signale deuten auf ein solches Verhalten hin: Zunächst wirkt das Verhalten des Betroffenen unvernünftig. So gab es keine Erklärung dafür, warum Alex bei der Arbeit versagte. Er besaß alles, was für ein erfolgreiches Vorwärtskommen nötig war – die Ausbildung und auch die Begabung. Doch auch wenn er versuchte, sein Bestes zu geben, lehnte er sich unterbewusst gegen die Vorgesetzten auf, ohne dass er selbst begriff, warum er das tat.

Zweitens lässt sich passiv-aggressives Verhalten da vermuten, wo Ermahnungen und Erziehung nichts mehr fruchten. Wir dürfen nicht vergessen – der Zweck des Verhaltens besteht darin, die Autoritätsperson zu verärgern. Deshalb wird Ihr passiv-aggressives Kind sich all Ihren Bemühungen, es zu ändern, widersetzen.

Drittens, auch wenn der Zweck des passiv-aggressiven Verhaltens darin besteht, eine Autoritätsperson zu verärgern, die betroffene Person schadet letztlich nur sich selbst, und sie ist es, die unter den Folgen zu leiden hat. Unbewusst wollte Alex mit seinem Verhalten seinen Arbeitgeber ärgern, aber er selbst war es, der die Konsequenzen tragen musste. Wenn er dieses unreife Verhaltensmuster nicht ablegt, wird er weiter Probleme in der Familie wie bei zukünftigen Arbeitgebern haben. Und er wird auch mit geistlichen Autoritäten nicht klarkommen.

Wenn Sie das Gefühl haben, dass Ihr erwachsenes Kind sich unlogisch, trotzig oder selbstzerstörerisch verhält, dann kann es sein, dass es passiv-aggressive Wut zeigt. Und dann sollten Sie nicht nur um des Kindes, sondern auch um Ihrer selbst willen etwas unternehmen. Allerdings: So wichtig Beratung in diesem Fall auch sein mag, es kommt genauso auf den richtigen Zeitpunkt an. Ihr Kind muss erst an den Punkt gelangen, wo es selbst eine Änderung möchte.

Alkohol- und Drogenmissbrauch

Die Auswirkungen von Suchtmitteln

Alkohol- und Drogenmissbrauch haben skandalöse Ausmaße angenommen. Die vorbeugenden und heilenden Maßnahmen der Gesundheitspolitik scheinen wenig an der Zahl und am Elend der Betroffenen zu ändern. Diese »Zivilisationskrankheiten« hängen oft mit Faktoren zusammen, von denen bereits die Rede war: zum Beispiel mit der Angst, erwachsen zu werden und Verantwortung zu übernehmen in einer immer unübersichtlicheren Welt. Forscher haben festgestellt, dass der »übermäßige Konsum von Drogen bei jungen Erwachsenen öfter vorkommt als in jeder anderen Bevölkerungsgruppe«.[17]

Obwohl es heißt, in Maßen genossen sei Alkohol der Gesundheit förderlich, wissen wir doch, dass schon eine relativ geringe Menge radikale Veränderungen der Persönlichkeit und des Verhaltens hervorrufen kann. In größeren Mengen kann Alkohol sehr schädlich sein und Körper wie Seele zerstören.

Wie an Alkohol kann man sich auch daran gewöhnen, verschreibungspflichtige oder frei erhältliche Medikamente einzunehmen. Wenn Ihr erwachsenes Kind ein Dauerrezept auf ein Schmerz- oder Beruhigungsmittel hat, dann beobachten Sie es und achten Sie darauf, welche Suchtstoffe in dem Medikament enthalten sind. Wenn Sie glauben, Ihr Kind sei von einem Medikament abhängig, sprechen Sie mit seinem Arzt. Oft trinken Medikamenten-Abhängige zusätzlich Alkohol; viele Medikamente haben dann sehr gefährliche Nebenwirkungen, manche können sogar zum Tod führen. Sowohl rezeptfreie wie verschreibungspflichtige Medikamente können, wenn sie nicht genau nach Anweisung eingenommen werden, genau wie der Alkohol kurz- oder langfristig schädliche Auswirkungen haben.

Zu den kurzfristigen Wirkungen gehören zum Beispiel Schläfrigkeit, schlechte Koordinationsfähigkeit, mangelndes Urteilsvermögen und verlangsamte Reaktionen. Langfristige Wirkungen sind unter anderem dauerhafte Gedächtnisprobleme, Schäden an Leber, Gehirn, Gefäßen und dem zentralen Nervensystem. Bei einem Teil der erwachsenen Kinder, die nach Hause zurückkehren (oder zu Hause bleiben), sind Drogen oder andere Suchtmittel im Spiel und sie haben zum Beispiel deshalb ihre Stelle verloren. Überdies sind sie oft sehr geschickt darin, ihre Sucht zu verbergen.

Vielleicht scheidet dieser Grund bei Ihnen aus. Vielleicht aber haben Sie tatsächlich das Gefühl, Ihr Kind sei in eine Abhängigkeit geraten, und möchten es am liebsten aus dem Haus werfen. Wir müssen aber einsehen, dass unsere Kinder nicht grundlos suchtkrank werden. Darum ist eher eine einfühlsame, aber entschlossene Haltung gefragt. Zunächst einmal nimmt der Gebrauch von Drogen in unserer Gesellschaft in dem Maße zu, in dem der Stress wächst. Je hektischer das Leben und je unpersönlicher die Gesellschaft wird, desto mehr empfinden gerade die verletzlichen Menschen, wie sie auf Grund ihrer Angst die Kontrolle über ihr eigenes Leben verlieren. Das ist ein Hauptgrund dafür, warum Drogen- und Alkoholmissbrauch sich gerade unter jungen Erwachsenen ausbreiten. Stress verursacht Angst, Depressionen, Spannung, Nervosität und sogar Sprachstörungen. Jemandem, dem diese Symptome unerträglich werden, können Drogen durchaus als Alternative erscheinen, weil sie angenehme Gefühlszustände wie Entspannung, Ruhe, Euphorie, Kraft und Unverletzlichkeit hervorrufen.

Wie reagieren bei Suchtverhalten?

Wenn Eltern bei einem erwachsenen Kind Suchtprobleme feststellen, dann versuchen sie oft einzugreifen oder schlagen eine Therapie vor. Dabei befinden sie sich jedoch in einer schwierigen Position, denn es kann sein, dass ihr Kind das Problem leugnet. Die Tochter sagt vielleicht, sie trinke nur »gelegentlich« und könne das Glas oder die Flasche jederzeit absetzen, wenn sie wolle. In ihren Augen ist ein Alkoholiker jemand, der ständig benebelt ist, und das ist sie selbst ganz eindeutig nicht. Es kommt relativ häufig vor, dass ein Mensch so viel Bier trinkt, dass er als Alkoholiker zu gelten hat, aber dennoch behauptet, mit ihm sei alles in Ordnung, weil ein Glas Bier einen relativ niedrigen Alkoholgehalt hat. Jeder Trinker hat seine eigenen Vorstellungen davon, wie viel er trinken kann. In den meisten Städten und Gemeinden gibt es heute Beratungseinrichtungen, wo Sie sich darüber informieren können, was noch als Genusstrinken gilt und wo der Alkoholismus anfängt. Dort finden Sie auch Informationen über Behandlungen und Gruppen wie die Anonymen Alkoholiker, die auch Ansprechpartner für die betroffenen Familienangehörigen sein wollen.

Auch Drogensüchtige sind im Leugnen ihrer Abhängigkeit sehr einfallsreich. Ihr Sohn gibt vielleicht zu, dass er Marihuana raucht, sagt aber: »Ich nehme wenigstens nicht so harte Sachen wie Kokain und habe es auch nicht vor.« Oder er behauptet, er nehme die Droge nur um zu »entspannen«, um abzuschalten, und davon werde man nicht süchtig. Wie gesagt können Drogen angenehme Gefühle hervorrufen und entspannen oder euphorisch machen. Sie versklaven aber auch und schaffen eine Abhängigkeit von falschen und vorübergehenden Trostgefühlen.

Hier drei Vorschläge, was Sie tun können, wenn Sie vermuten, dass Ihr Kind Drogenprobleme hat. Erstens: Suchen Sie Rat bei einer qualifizierten Person. Es ist extrem schwierig, mit einem solchen Problem allein zurechtzukommen, und leicht macht man damit eine ohnehin schon heikle Situation noch schlimmer. Zweitens: Suchen Sie Ermutigung im Gebet. Gott erhört auch heute noch Gebete. Er kann Ihnen zeigen, wo Sie am besten Hilfe finden, wie Sie sich verhalten und was Sie tun sollen, damit Ihrem Kind und der ganzen Familie geholfen wird.

Drittens: Praktizieren Sie »entschlossene Liebe«. Lassen Sie Ihr erwachsenes Kind ruhig unter den Folgen seines Drogen- oder Alkoholmissbrauchs leiden. So entsteht am schnellsten die Bereitschaft, sich behandeln zu lassen. Eltern müssen sich freundlich, aber mit Bestimmtheit weigern, die Probleme, die ihr Kind verursacht, zu reparieren. Die meisten Süchtigen sind erst dann bereit, eine Therapie zu beginnen, wenn sie wirklich am Ende sind. Dieses Gefühl, nicht mehr weiterzuwissen, kann durch den Verlust des Arbeitsplatzes hervorgerufen werden oder auch durch die Angst, den Partner, die Kinder oder einen anderen wichtigen Menschen zu verlieren.

Vorbeugung

Es ist natürlich besser, dem Missbrauch von Drogen und Alkohol vorzubeugen, als ihn dann behandeln zu müssen. Durch Ihr eigenes Verhalten Suchtmitteln gegenüber waren und sind Sie für Ihr Kind ein Vorbild. Darum können wir beide allen Eltern nur dringend raten, selbst abstinent zu leben. Das ist das beste Beispiel für unsere Kinder und auch der sicherste Schutz davor, selbst süchtig zu werden. Schätzungen gehen davon aus, dass in Deutschland bis zu 2,5 Millionen Menschen alkoholabhängig sind.[18] Sicher, auch junge Erwachsene, die in einem abstinenten Elternhaus aufgewachsen sind, können alkohol- oder drogensüchtig werden. Ihre Zahl ist aber im Vergleich zu jenen, denen zu Hause das Genusstrinken vorgelebt wurde, verschwindend klein. Wir brauchen einen radikalen Umschwung in unserem Denken und Verhalten, wenn wir die verheerenden Folgen von Alkohol- und Drogenmissbrauch aufhalten wollen.

Heranwachsende hält man am besten von Drogen und Alkohol fern, indem man sie bedingungslos liebt und sie diese Liebe auch spüren lässt – und indem man ihnen ein Leben ohne Alkohol und Drogen vorlebt. Damit können wir unseren Kindern beweisen, dass man auch ohne die Abhängigkeit von vermeintlich Glück bringenden Substanzen ein erfülltes Leben führen kann. Viele Eltern stimmen dem vielleicht nicht zu. Aber wir sind zutiefst davon überzeugt, dass völlige Enthaltsamkeit die beste Methode ist und auf unsere Kinder Signalwirkung ausüben kann. Unsere Haltung gründet sich auf unsere persönliche Erfahrung und auf die Erkenntnisse, die wir in den vielen Jahren gewonnen haben, in denen wir anderen Menschen helfen, Ross als Familienpsychiater und Gary als Pastor und Seelsorger.

Wenn Ihr Kind bereits Drogen und/oder Alkohol konsumiert, aber noch nicht süchtig ist, dann achten Sie darauf, dass Sie ihm weiterhin in Liebe begegnen und es auch über die Gefahren informieren. Wenn Ihr Kind dagegen bereits abhängig ist, dann kann nur eine Therapie dauerhafte Hilfe bringen. Das heißt, dass Sie sich über die verschiedenen Möglichkeiten und auch die Kosten informieren müssen.

Hyperaktivität / ADS

Ein viertes Hindernis auf dem Weg zum Erwachsenwerden ist Hyperaktivität beziehungsweise Konzentrationsschwäche, ein Syndrom, das inzwischen 3 bis 5 Prozent aller Kinder betrifft und heute auch unter der Abkürzung ADD (Aufmerksamkeits-Defizit-Disposition) oder ADS (Aufmerksamkeits-Defizit-Syndrom) bekannt ist. Bei fast zwei Drittel der hyperaktiven Kinder reichen die Symptome in unterschiedlicher Stärke bis ins Erwachsenenalter. Die Störungen betreffen wichtige Bereiche wie Aufmerksamkeit, Denkfähigkeit, Impulssteuerung, Gedächtnis, Körperkontrolle und Koordination. Hyperaktive Kinder sind als Erwachsene auch anfällig für andere Probleme. Fünfundachtzig Prozent der hyperaktiven Erwachsenen leiden unter verschiedenen psychischen Störungen wie Angstzuständen, Depressionen, Stimmungsschwankungen, Persönlichkeitsproblemen und Alkohol- oder anderen Abhängigkeiten.[19] Die Therapierung dieser bedauernswerten Menschen wird dadurch erschwert, dass das zugrunde liegende Problem nur selten erkannt wird und darum oft unbehandelt bleibt.

Wenn Sie vermuten, dass Ihr Kind unter Hyperaktivität bzw. ADS leidet, weil es ständig unruhig und unkonzentriert ist, dann empfehlen wir Ihnen, mit Ihrem Arzt, möglicherweise auch einem Facharzt zu sprechen.

Die Behandlung der Hyperaktivität beim Erwachsenen muss, wie bei Kindern auch, auf die einzelne Person zugeschnitten sein, weil jeder Mensch anders reagiert. Obwohl Medikamente nicht die einzige Möglichkeit darstellen, sind sie doch oft eine wirksame Hilfe. Mindestens 60 Prozent der erwachsenen Patienten reagieren auf Medikamente positiv. Wenn die Symptome nachlassen, sind sie dann auch eher in der Lage, sich konstruktiv mit ihren Problemen auseinander zu setzen. Der Erfolg einer kombinierten Behandlung kann das Leben entscheidend verändern. Der Mediziner Paul Wender spricht in einer Zusammenfassung verschiedener Untersuchungsergebnisse von Besserungen in sieben Problembereichen. So nehmen unter anderem bei Hyperaktivität »Zappeln und Unruhe ab«; bei Unaufmerksamkeit wird »die Konzentration gefördert und Ablenkungen nehmen ab oder verschwinden«; bei Zorn und Gereiztheit wird die »Schwelle höher gelegt und Patienten reagieren weniger gereizt«.[20]

Es ist schwierig, die richtige Behandlungsmethode zu finden. Wir empfehlen Ihnen deshalb, Ihre Krankenkasse oder das Gesundheitsamt anzurufen, um herauszufinden, welche Hilfsangebote es in Ihrer Nähe gibt.

Ein letztes Hindernis: die Konsumhaltung

Noch ein weiteres Hindernis bringt viele erwachsene Kinder auf ihrem Weg zur Unabhängigkeit zu Fall. Anders als die ersten vier hat es aber keine körperlichen oder psychischen Folgen, auch wenn es viel Stress hervorruft und die Zukunftsaussichten einschränkt. Es heißt Konsum, und für viele junge Erwachsene wirkt es nicht bedrohlich, sondern eher viel versprechend.

»Einkaufen und Spaß haben«

Viele junge Leute leben über ihre Verhältnisse. Spaß am Leben ist für sie mit dem Kauf und Besitz ganz bestimmter Dinge verbunden. Man muss nur einmal in eins der großen Sportgeschäfte gehen und sich ansehen, wer dort was einkauft. Junge Erwachsene kaufen mit der Kreditkarte ein oder überziehen ihr Konto für ein schickes Outfit, einen schnellen Wagen oder den Urlaub unter Palmen.

Die Generation X lebt auf Pump. Wenn Eltern oder Großeltern fragen: »Warum?«, fragen sie zurück: »Warum nicht? Wozu warten? Wenn wir das Haus nicht mehr halten können, kann die Bank es übernehmen, und wir fangen von vorne an.«

Auch einige von uns Eltern sind diesem materialistischen Traum nachgejagt und haben ihn nun an ihre Nachkommen weitergegeben. Es ist nur logisch, dass unsere Kinder uns auch in diesem Punkt nachahmen.

Viele von ihnen sind allerdings nicht faul. Sie arbeiten schwer. Aber der Beruf ist ihnen nicht das Wichtigste. Sie haben den Wahnsinn beobachtet, dem ihre Eltern verfallen waren. Und sie haben miterlebt, wie Firmen geschlossen wurden und Firmentreue nichts mehr zählte. Sie selbst sind nicht mehr bereit, ihre Seele einem Arbeitgeber zu verkaufen. »Genieße das gute Leben jetzt, mit den Problemen von morgen kannst du dich noch auseinander setzen, wenn es soweit ist«, lautet ihre Devise.

Wir älteren Erwachsenen können uns noch an eine Zeit erinnern, in der man nur dann ein gutes Auskommen hatte, wenn man einen festen Arbeitsplatz hatte, sich einsetzte und das Geld zusammenhielt. Unsere Kinder sollten es so gut haben wie möglich, und so gingen wir mit ihnen wandern, Ski fahren und auf Reisen. Wenn sie diese Aktivitäten fortsetzen wollen, müssen sie vielleicht ihr Budget überschreiten. Persönlicher Bankrott ist alltäglich geworden.

Das Konsumverhalten hindert das erwachsene Kind in vielerlei Hinsicht, unabhängig zu werden. Sorgen und Stress wegen der Schulden verursachen Konflikte in vielen jungen Ehen. Und wo die Diskussion über die Schulden mit dem zukünftigen Ehepartner vermieden wird, da beginnt die Ehe bereits mit einer Täuschung und kann leicht in der Katastrophe enden. Singles andererseits sind oft so hoch verschuldet, dass sie keinen Ausweg mehr sehen. Eine solche Situation ist ein guter Nährboden für Depressionen.

Die falsche Vorstellung, man könnte »alles haben«, kennzeichnet unreifes Denken. Wir können eben nicht alles haben, was wir uns wünschen. Auf Früchte der eigenen Arbeit auch warten zu können, ist ein Zeichen von Reife.

Verantwortliches Verhalten vorleben

Eltern können ihren Kindern auf verschiedene Weise helfen, dem Konsumzwang zu entrinnen. Das beginnt schon, wenn die Kinder noch klein sind. Gewöhnen Sie es sich an, Nein zu sagen, auch wenn es Ihnen schwer fällt. Beginnen Sie damit, wenn die Kinder noch zu Hause sind. Sonst müssen Sie später vielleicht feststellen, dass Sie ihnen finanzielle Verantwortungslosigkeit beigebracht haben. Viele junge Leute schleppen schon früh einen Schuldenberg mit sich herum, der manchmal von der Ausbildung herrührt, zum großen Teil aber auch daher, dass sie auf Kredit gekauft haben. Und sie haben keine realistischen Vorstellungen davon, wie sie die Schulden zurückzahlen wollen.

Zweitens, helfen Sie Ihren erwachsenen Kindern nicht automatisch aus der Klemme. Wenn sie in Schwierigkeiten stecken, bitten manche junge Erwachsene ihre Eltern um Hilfe. Wenn Sie in der Vergangenheit auf solche Bitten eingegangen sind, können Sie das jetzt immer noch ändern. Sie können Ihrem Kind gegenüber zugeben: »Ich habe inzwischen erkannt, dass ich dir im Umgang mit dem Geld keine Hilfe war. Ich hatte genug und wollte es mit dir teilen. Aber ich habe dich damit nur von mir abhängig gemacht. Das ist für dich kein guter Ausgangspunkt. Ich weiß, dass du allein zurechtkommen willst, und es tut mir Leid, dass ich dir nicht schon längst dabei geholfen habe. Lass uns einmal gemeinsam überlegen, was wir tun können und wie du lernen kannst, mit dem auszukommen, was du hast.«

Ob wir es wahrhaben wollen oder nicht, das Thema Geld lässt niemanden kalt. Manche Eltern sind unerbittlich. Sie meinen, jeder müsse »allein zurechtkommen«, und es sei ein Zeichen von Unreife, wenn ein erwachsenes Kind bei den Eltern Hilfe sucht. Andere haben, häufig ohne es zu merken, solche Angst um ihren Nachwuchs, dass es ihnen schwer fällt, Nein zu sagen. Beide Extreme können Schaden anrichten. Es gibt Zeiten und Situationen, wo es durchaus angebracht ist, einem erwachsenen Kind zu helfen. Aber das Wie und Wann ist wichtig.

Wenn Ihr Kind um finanzielle Hilfe bittet, sollten Sie nicht sofort mit Lösungsvorschlägen aufwarten, sondern sich zunächst einmal die ganze Geschichte anhören. Je nach Situation kann es gut und angebracht sein, mit Geld zu helfen. Fragen Sie nach, bis Sie genau verstanden haben, warum Ihr Kind zu Ihnen kommt und auch damit es merkt, dass Sie wirklich Anteil nehmen. Wenn Sie sofort eine Entscheidung treffen oder so tun, als hätten Sie die Lösung, besteht die Gefahr, dass Sie einen Fehler begehen oder Ihr Kind verletzen. Gerade bei Fragen ums Geld ist es meist klug, zuerst einmal in Ruhe über die Sache nachzudenken. Das braucht Zeit, und Sie sollten sich auch die Zeit nehmen, mit Ihrem Partner über die Angelegenheit zu reden. Beide Elternteile sollten der Entscheidung zustimmen können. Und auch über solche Dinge können Sie beten und um Weisheit und inneren Frieden bitten.

Wenn Sie die Sache dann gründlich erwogen und durchbetet haben, können Sie Ihrem Kind eine vernünftige Antwort geben. Fällt sie anders aus, als Ihr Kind erwartet hat, sollten Sie versuchen, sich auf keine Diskussionen einzulassen. Sicher wollen Sie verständnisvoll und nett sein, aber auch bestimmt; und Sie wollen sich nicht manipulieren lassen. Darum erläutern Sie einfach, wie Sie zu Ihrer Entscheidung gekommen sind, und gehen Sie dann zu etwas anderem über. Wenn es passt, können Sie Ihrem Kind natürlich auch noch andere Lösungsvorschläge machen.

Wenn Sie helfen wollen

Wenn Sie Ihrem Kind Geld leihen oder schenken wollen, dann achten Sie darauf, die ganze Angelegenheit so zu regeln, dass der Not abgeholfen wird, ohne dass Sie und Ihr Partner oder der junge Mensch selbst in Schwierigkeiten geraten. Auch beim eigenen Kind ist es in der Regel gut, wenn die Bedingungen schriftlich und mit Unterschrift festgehalten werden.

Die meisten Finanzberater warnen davor, erwachsenen Kindern größere Geldsummen zu leihen, vor allem wenn die Kinder noch jung sind. Eine Bank würde solche Anleihen so gut wie nie ausgeben, weil der junge Mensch meist nicht nachweisen kann, dass er in der Lage ist, das Geld zurückzuzahlen, und meist auch nicht genügend eigene Einkünfte hat. Wenn Eltern Geld leihen, versetzen sie ihr Kind also in eine Situation, in der es letztlich nicht gewinnen kann. Es wird die Schulden vermutlich nie zurückzahlen können, und wenn das offensichtlich wird, ist der Friede meist nachhaltig gestört.

Viele junge Leute bitten nicht unbedingt um Geld, sondern um andere Gefälligkeiten, die sich aber durchaus finanziell bemerkbar machen. Am häufigsten sollen Eltern wohl bei der Kinderbetreuung und der Hausarbeit helfen. In einem solchen Fall achten Sie darauf, dass Sie in Ihren Entscheidungen wirklich frei sind. Sonst wächst der Groll auf Ihrer Seite, während die Bitten von Seiten des Kindes kein Ende nehmen.

Wichtig ist bei allem – ob es sich nun um Geldfragen oder andere Gefälligkeiten handelt –, dass Sie nichts tun, was die Beziehung langfristig beeinträchtigt. Sie wollen keinen Konflikt, der sich schädlich auf Ihr Familienleben auswirkt. Ihr Ziel ist es vielmehr, dem erwachsenen Kind zu Reife und Unabhängigkeit zu verhelfen.

6. Unsere Kinder leben anders

In den fünfziger Jahren sprach man vom »Konkubinat«. Heute heißt es ganz einfach »Zusammenleben«. In den Fünfzigern war es anrüchig, homosexuell zu sein. Heute heißt es: »Ein bisschen bi (= bisexuell) schadet nie«. In den Fünfzigern galt ein Kind, das außerhalb der Ehe geboren wurde, als »illegitim«, heute werden junge Frauen bei Amtsgängen automatisch gefragt: »Sind Sie mit dem Vater des Kindes verheiratet?« Die neue Ausdrucksweise ist nicht nur sprachlicher Natur. Sie offenbart auch eine neue, oft wertfreie Einstellung zum Leben.

Unsere erwachsenen Kinder im Alter zwischen achtzehn und fünfunddreißig sind von einem moralischen Milieu geprägt, in dem alles möglich ist. Sie waren Teil einer sexuellen Revolution und haben miterlebt, wie das Kabelfernsehen mit seinen wertfreien Programmen begann, die Familien zu beherrschen. So wuchsen viele Angehörige der Generation X in der Annahme auf, es sei gleichgültig, welche Lebensform sie einmal wählten, solange sie sich nur selbst damit wohl fühlten. Viele glauben, Richtig und Falsch seien relative Begriffe. Moral ist für sie kein Thema. Stattdessen schätzen sie die Freiheit, in jedem Bereich ihres Lebens ihren eigenen Stil wählen zu können. Das einzig Absolute für sie ist, dass es keine absoluten Maßstäbe gibt.

Wenn Sie andere Wertmaßstäbe besitzen, traditionelle Maßstäbe, die in der christlichen Ethik verwurzelt sind, dann ist Ihnen der Lebensstil, den Ihr zu Hause lebendes erwachsenes Kind praktiziert oder zumindest befürwortet, vielleicht ein Dorn im Auge. Und selbst wenn Sie zu den Eltern gehören, die akzeptieren, dass alles relativ ist, ist Ihnen vielleicht nicht ganz wohl, wenn Sie Ihrem Kind zusehen. Sie selbst hätten sich nie so benommen. Sobald es um die eigenen Kinder geht, sehen die Dinge einfach anders aus. Irgendetwas ist da ganz offensichtlich schief gelaufen, aber Sie wissen nicht, wie Sie damit umgehen sollen.

Egal also, ob Sie weiterhin an moralische Maßstäbe glauben oder einfach nur wollen, dass Ihre Kinder nicht Dinge tun, bei denen Ihnen unwohl ist: Wenn Ihr Nachwuchs Wege einschlägt, die moralisch nicht über jeden Zweifel erhaben sind, sind Sie auf jeden Fall beunruhigt. Wenn erwachsene Kinder ihre Eltern besuchen oder bei ihnen wohnen, dann sind Konflikte über Wertvorstellungen und Lebensentwürfe fast unvermeidlich. Es schmerzt Sie vielleicht, wenn Ihre Kinder traditionelle Verhaltens- und Denkmuster über Bord werfen, oder Sie fühlen sich übergangen und abgelehnt.

In diesem Kapitel wollen wir einige Lebensentwürfe diskutieren, die zwischen Eltern und jungen Erwachsenen zu Spannungen führen. Am meisten davon betroffen sind sicher der Bereich der Sexualität, auf den wir in zwei Abschnitten eingehen werden, und die Religion.

Homosexualität

Fast alle Eltern – auch jene, die behaupten, sie könnten jede Lebensform akzeptieren – reagieren schockiert und verletzt, wenn eines ihrer Kinder verkündet, es sei homosexuell. Meist haben sie das Gefühl, an einem entscheidenden Punkt versagt zu haben. Das ist einer der Gründe, warum viele erwachsene Kinder ihre Neigung nicht sofort oder überhaupt nicht bekannt machen.

Die meisten Eltern setzen voraus, dass ihre Kinder heterosexuell veranlagt sind, und sind fassungslos, wenn sie stattdessen eine starke Neigung zum eigenen Geschlecht empfinden. Sie sollten wissen, dass bei einer stark homosexuellen Prägung die Zuneigung zum selben Geschlecht in den meisten Fällen auch dann noch vorhanden ist, wenn der oder die Betroffene sich für eine heterosexuelle Beziehung oder ein Dasein als Single entscheidet. Eltern müssen darum lernen, sich mit dem Problem auseinander zu setzen, und für sich eine Lösung finden.

Der Unterschied zwischen Neigung und praktizierter Homosexualität

Wichtig ist zunächst, zwischen einer homosexuellen Neigung und einer homosexuellen Lebensführung zu unterscheiden. Die Neigung hat mit dem Gefühl, mit den inneren, sexuellen Wünschen zu tun. Die Lebensführung dagegen betrifft das tatsächliche Sexualverhalten. Auch wenn ein Sohn oder eine Tochter sich zum eigenen Geschlecht hingezogen fühlt, muss er oder sie nicht unbedingt homosexuell leben. Das Kind kann genauso Selbstbeherrschung und Abstinenz zeigen wie ein unverheirateter heterosexueller Erwachsener. In der jüdisch-christlichen Tradition wie auch in allen anderen großen Weltreligionen gilt praktizierte Homosexualität als anomal und sündig. Die Schriften all dieser Traditionen räumen aber ein, dass es Menschen mit einer homosexuellen Neigung gibt, genauso wie Menschen mit anderen sexuellen Vorlieben wie Sodomie, Pädophilie, Transvestitismus. Diese Wünsche gelten als Anfechtungen, die den Menschen vom eigentlichen Sinn der Sexualität, wie er von Gott gegeben ist, abbringen sollen. Die moralische Aufgabe besteht darin, der Anfechtung zu widerstehen. Die meisten dieser religiösen Traditionen verlangen auch vom heterosexuellen Menschen, seine Triebe zu kontrollieren. Das bedeutet Abstinenz über längere Zeiträume hinweg und unter Umständen sogar ein Leben lang.

In den meisten Religionen wird Menschen mit homosexueller Neigung Mitgefühl entgegengebracht; dennoch wird praktizierte Homosexualität nicht als angemessenes Sexualverhalten betrachtet. Das heißt, der Mensch wird akzeptiert, nicht aber sein Verhalten. Der Apostel Paulus schrieb über Menschen, die früher sexuellem Fehlverhalten anhingen, darunter »Ehebrecher« und solche, die »homosexuell verkehrten«: »Aber jetzt sind eure Sünden abgewaschen. Durch Jesus Christus gehört ihr ganz zu Gott, und durch seinen Geist seid ihr freigesprochen.«[21]

Die moderne Forschung kann noch immer keine Gründe für eine homosexuelle Neigung nennen. Weder konnten bis jetzt genetische Ursachen festgestellt noch konnte nachgewiesen werden, dass es sich um einen angeborenen, körpereigenen Trieb handelt.[22] Niemand weiß, warum in einer Familie ein Kind homosexuell wird, während alle anderen sich heterosexuell entwickeln. Die Autoren sind sich der Qualen, die ein junger Mensch empfindet, wenn er erkennt, dass er von der Norm abweicht, durchaus bewusst. Oft erfährt er Ablehnung im Freundeskreis, und noch schlimmer wird es, wenn auch die Eltern ihn als »anomal«, »seltsam« oder sogar als »Weichling« bezeichnen. Wenn er einer religiösen Familie entstammt und weiß, dass seine Neigung verurteilt wird, kann der Schmerz fast unerträglich werden. Es mag für gläubige Eltern eine Hilfe sein, sich vor Augen zu halten, dass ihr homosexuelles Kind, ob es sich nun ändern will oder nicht, immer noch ein Mensch von ihrem eigenen Fleisch und Blut ist, von Gott erschaffen und für wertvoll erachtet, und dass er bei seiner Identitätssuche Hilfe braucht.

Auch wenn Eltern die Homosexualität als unnatürlich, abnorm oder sündhaft einordnen, sollten sie mit ihren betroffenen Kindern versöhnlich und barmherzig umgehen. Hier ein paar Vorschläge, die vielleicht auch Ihnen helfen können.

Akzeptieren Sie Ihr Kind

Wenn es Eltern schwer fällt, die richtige Einstellung zu ihrem homosexuellen Kind zu gewinnen, sollten sie sich an die Grundaussagen des christlichen Glaubens erinnern. Die Bibel sagt eindeutig: »Alle sind Sünder.«[23] Es ist nicht an uns, unsere Kinder für das, was wir als falsches oder sündiges Verhalten betrachten, zu verurteilen.

Denken wir daran, was Jesus sagte, als die Menge sich anschickte, eine Frau zu steinigen, die auf frischer Tat beim Ehebruch ertappt worden war: »Gut, dann steinigt sie! Aber den ersten Stein soll der werfen, der selbst noch nie gesündigt hat!«[24] Die christliche Botschaft stellt ganz klar, dass wir alle Sünder sind und vor einem heiligen Gott nicht bestehen können. Darum hat Gott seinen Sohn Jesus Christus gesandt, um uns von der Sünde zu erlösen.[25] Und darum sollen auch wir alle Menschen, die in die Irre gehen, so lieben, wie Gott uns liebt – auch und gerade unsere Kinder. Jesus wurde von den frommen Menschen seiner Zeit kritisiert, weil er den Kontakt zu den Sündern suchte. Er wusste aber, dass er keinen Einfluss auf sie haben konnte, wenn er nicht zu ihnen ging. Auch wir werden dann am meisten bewirken können, wenn wir unsere Kinder annehmen. Wenn wir Zeit für sie haben, mit ihnen reden und sie auch dann noch unsere Liebe spüren lassen, wenn wir ihren Lebensstil nicht gutheißen.

Der Arzt Del DeHart schreibt dazu, Menschen mit starkem homosexuellem Trieb »können uns in Freunden, Bekannten oder den eigenen Kindern begegnen. Wenn unsere Worte in ihnen die falsche Überzeugung wecken, sie seien wegen ihrer sexuellen Wünsche böse, dann werden viele die Gemeinde verlassen und bei radikalen Gruppen Unterschlupf suchen. Andere werden sich verbittert zurückziehen und ein Leben der Lüge führen, weil sie Angst davor haben, abgelehnt zu werden.«[26]

Sie haben nichts davon, wenn Sie Ihrem homosexuellen Kind mit Ablehnung begegnen. Aber Sie können viel gewinnen, wenn Sie es achten, lieben und ihm Ihre Liebe zeigen. Das heißt nicht, dass Sie den schwulen oder lesbischen Lebensstil akzeptieren, und auch nicht, dass Sie ein Verhalten dulden, mit dem Sie Probleme haben. Sie sollten dem Freund oder der Freundin Ihres Kindes höflich begegnen. Aber die beiden müssen nicht in Ihrem Haus die Nacht im selben Zimmer verbringen, wenn Ihnen das unangenehm ist.

Solange Sie liebevoll und freundlich sind, sind Sie auf dem richtigen Weg und werden sicher mit der Zeit auch Wege finden, auf das Kind, das Sie aufgezogen haben, einen positiven Einfluss auszuüben. Auch Ihre eigenen Gefühle werden irgendwann wieder ins Gleichgewicht kommen. Wenn Eltern dagegen ihr Kind verstoßen, verursachen sie unglaublichen Schmerz, und oft kommt es zu einem dauerhaften Bruch.

Suchen Sie selbst Hilfe

Welche Art von Hilfe Sie brauchen, hängt von Ihrer Situation ab. Eine Therapie ist besonders dann zu empfehlen, wenn Eltern angesichts der Tatsache, dass ihr Kind homosexuell ist, mit den eigenen Gefühlen nicht zurechtkommen. Das Gespräch mit einem kompetenten Therapeuten kann helfen, diese Gefühle einzuordnen und zu lernen, wie am besten mit der Situation umzugehen ist.

Auch Selbsthilfegruppen können für Eltern von schwulen oder lesbischen Kindern eine große Hilfe sein. Wenn es in Ihrer Nähe keine Gruppe gibt, versuchen Sie trotzdem, beispielsweise über Ihren Seelsorger, mit anderen Eltern in Kontakt zu kommen, die in der gleichen Lage sind wie Sie. Unter Gleichgesinnten können Sie Ihre Haltung erklären, erfahren Mitgefühl und bekommen Rat. Sie entdecken, dass auch andere ganz normale Eltern mit denselben Problemen zu kämpfen haben, und Sie können sich miteinander über Ihre Reaktionen austauschen.

Unverheiratetes Zusammenleben

Gründe für das Zusammenleben

Als die Rolling Stones vorschlugen: »Let's spend the night together« (Lass uns die Nacht miteinander verbringen), da proklamierten sie das sexuelle Abenteuer für eine Nacht. Seitdem ist die Entwicklung aber immer weiter fort-(oder zurück-)geschritten. Heute leben Frauen und Männer Monate, wenn nicht Jahre zusammen, bevor sie heiraten – wenn sie sich denn überhaupt je dazu entschließen. Viele junge Menschen halten dies für den normalen Lauf der Dinge. Der Einfluss der Gesellschaft und die Angst vor Bindung sind die Hauptgründe für diese Art des Zusammenlebens. Die Medien unterstützen diese Entwicklung, und Gleichaltrige finden es sogar seltsam, wenn man als junger Mensch anderer Meinung ist. So teilt man also Tisch und Bett, manchmal auch das Geld.

Unverheiratet zusammenleben heißt, eine Wohnung zu teilen, um die Vorteile der Ehe zu genießen, ohne die Verantwortung einer Ehe zu übernehmen. Während viele das ganz offen tun, behalten andere um der Familie oder des äußeren Scheins willen getrennte Wohnungen. So kann Ihr erwachsenes Kind zum Beispiel bei Ihnen wohnen, die Nacht aber bei Freund oder Freundin verbringen (oder diese auffordern, über Nacht in Ihr Haus zu kommen).

Hausregeln

Wenn Ihr erwachsenes Kind zu Hause lebt, dann sorgen Sie dafür, dass es für das Übernachten von Gästen klare Regeln gibt. Ihr Kind möchte vielleicht, dass Freundin (oder Freund) im selben Zimmer übernachtet, aber in »getrennten Betten« oder »sie (er) kann mein Bett haben, und ich schlafe auf dem Fußboden«. Ist das realistisch? Wohl eher nicht. Deshalb bestimmen Sie von vornherein die Regeln, die in Ihrem Haus gelten. Auch wenn das erwachsene Kind eine eigene Wohnung hat, aber häufig bei Ihnen übernachtet (zum Beispiel an Wochenenden oder in den Ferien) und seinen Freund oder seine Freundin mitbringen will, sollten Sie bestimmte Regeln festsetzen. Sie müssen in Ihrem Haus nichts dulden, was Ihnen unangenehm ist. Hier höflich, aber bestimmt zu bleiben, kann dann bedeuten, dass Ihr erwachsenes Kind und sein Freund/seine

Freundin in getrennten Zimmern schlafen, wenn sie bei Ihnen übernachten wollen.

Es ist ganz wichtig, wie wir als Eltern uns hier verhalten. Wenn wir uns aufregen, es zum Streit kommen lassen oder unseren Kindern Vorhaltungen machen, dann werden sie wahrscheinlich mit Trotz reagieren. Darum ist es im Allgemeinen klüger, wenn Eltern in möglichst freundlichem Ton ihre Meinung sagen und es dann dabei belassen. Weiteres Reden wird nur den passiv-aggressiven Widerstand verstärken. Eltern sollten nie vergessen, dass ihre Kinder nur dann Rat und Hilfe von ihnen annehmen, wenn die Beziehung stimmt.

Wie reagieren, wenn Kinder mit einem Partner zusammenleben?

Was also sollen Eltern tun, wenn sie mit dem sexuellen Verhalten ihres Kindes nicht einverstanden sind? Manche Eltern probieren es mit der Vogel-Strauß-Taktik und wollen die Sache nicht wahrhaben. Damit ist jedoch nichts gewonnen außer vielleicht einem kurzfristigen Seelenfrieden. Früher oder später lässt sich der Wirklichkeit nicht mehr ausweichen. Andere Eltern halten sich an die Schnellfeuer-Taktik. Sie nutzen jede Gelegenheit, um verbale Salven auf die jungen Leute abzuschießen und ihr Verhalten zu verurteilen. Damit schaden sie ihrem eigenen Einfluss aber nicht nur jetzt, sondern auch für die Zukunft.

Oft fällt es Eltern in einer solchen Situation schwer, dem Partner ihres Kindes höflich zu begegnen. Unfreundlichkeit ist jedoch ein grober Fehler, der das Kind meist nur dazu herausfordert, nun erst recht an der Beziehung festzuhalten. Wenn Ihr Kind und sein Partner heiraten, so ist Ihr Verhältnis zu der jungen Familie von vornherein belastet. Deshalb ist es im Allgemeinen besser, den Partner Ihres Kindes als liebenswerten Menschen zu behandeln. Das mag Ihnen schwer fallen, aber mit Gottes Hilfe können Sie nett und liebevoll sein, auch wenn Sie die Art der Beziehung selbst nicht gutheißen. Den Menschen selbst können Sie trotzdem akzeptieren. Der Ton Ihrer Stimme, ein freundlicher Handschlag zur Begrüßung, eine gelegentliche Umarmung können Ihrem Kind und seinem Partner zeigen, dass Sie sie mögen. Gleichzeitig können Sie Ihre Vorbehalte zur Sprache bringen und Ihr Kind über seine Beziehung befragen und so Ihre Sorge oder Unzufriedenheit über die Situation zum Ausdruck bringen.

Es ist wichtig, dass Sie dabei die Unterstützung von Familie und Freunden haben. Vielleicht brauchen Sie sogar selbst Beratung, um den jungen Leuten gegenüber konsequent auftreten zu können. Sie sollten auch nicht vergessen, dass Ihr Kind Sie gern hat und Sie braucht und dass es genau weiß, wie sein Verhalten auf Sie wirkt. Es weiß, dass Ihre Liebe als Eltern nicht bedeutet, dass Sie seinem Verhalten zustimmen und dass Sie Ihre eigenen Maßstäbe nicht in Frage stellen lassen.

Genauso wie Sie Ihrem Kind in der Vergangenheit mit bedingungsloser Liebe begegnet sind, egal wie es sich verhalten hat, so tun Sie es auch jetzt. Sie möchten Ihrem Kind auch in der Zukunft helfen, sein Leben zu bewältigen, und das bedeutet, dass Sie es sich nicht leisten können, die bestehende Beziehung aufs Spiel zu setzen.

Im Gespräch bleiben

Wenn sie moralische Maßstäbe über Bord werfen, dann stellen viele junge Erwachsene auch gleich das ganze Konzept der elterlichen Autorität in Frage. »Warum sollen wir noch auf euch hören?«, so scheinen sie zu fragen. Wenn wir aber bereit sind, uns ihre Vorstellungen anzuhören, ihre Meinung zu überdenken und ihrer Logik und ihren Perspektiven, wo wir können, zu folgen, werden sie auch weiterhin mit ihren Problemen zu uns kommen. Deshalb plädieren wir unbedingt für das offene Gespräch. Zeigen Sie ruhig, wo Sie nicht einverstanden sind. Stellen Sie auch schwierige Fragen, aber meinen Sie nicht, Sie müssten darauf immer selbst eine Antwort haben. Auf keinen Fall sollten Sie predigen.

Das bedeutet allerdings nicht, dass Sie nicht sagen sollen, was Sie am Verhalten Ihres Kindes stört. Es heißt auch nicht, dass Sie mit Ihrem Unbehagen versuchen, Ihr Kind zu manipulieren. Wir können unsere Meinung äußern, ohne zu verurteilen, immer in der Hoffnung, dass wir damit eine Atmosphäre schaffen, in welcher der junge Erwachsene bereit wird, auf unseren Rat zu hören oder sogar selbst um Rat zu bitten. Wichtig ist bei allem, dass wir die Eigenständigkeit unseres Kindes akzeptieren.

Darum lassen Sie Ihren Kindern die Freiheit, eigene Entscheidungen zu treffen, auch wenn Sie selbst anderer Meinung sind. Kann sein, dass die jungen Leute unter den Folgen leiden müssen. Und wenn sie dann mit den negativen Folgen ihrer falschen Entscheidungen zu kämpfen haben, dann sollten wir nicht versuchen, diese Folgen zu lindern oder aus dem Weg zu schaffen. Natürlich sollen wir unseren Kindern auch in Schwierigkeiten zur Seite stehen, besonders als Christen. Und oft wird gerade in einer solchen Phase die Beziehung zwischen Eltern und erwachsenen Kindern gefestigt und vertieft. Es kann sogar sein, dass unsere seelische Unterstützung genau das ist, was sie brauchen, um ihr Verhalten zu ändern.

Liebe zeigen – die Millers

Freundlich sein, das Gespräch suchen, Liebe zeigen: Das hatten Jerry und Bess Miller allen drei Töchtern gegenüber praktiziert. Elaine, die älteste, war eine hervorragende Schülerin gewesen, gut im Sport, attraktiv, mit vielen Freunden. Wer sie kannte, hatte seine Freude an ihr. Sie verstand sich gut mit ihren Schwestern und war aktiv in der Gemeinde. Auch im Studium war sie gut und schloss mit Auszeichnung ab. Dann bekam sie eine Stelle in der nahen Stadt und kam auch beruflich gut voran.

Als die neue Wohnung fertig eingerichtet war, lud Elaine die Eltern zu einem Besuch ein. Die erlebten »den Schock ihres Lebens«, als sie feststellten, dass Elaine mit einem jungen Mann zusammenlebte, den sie während des Studiums kennen gelernt hatte. Die beiden jungen Leute hatten schon während der Ausbildung von Heirat gesprochen und dann beschlossen, in derselben Gegend eine Stelle zu suchen und die Beziehung auf jeden Fall fortzusetzen. Beide hatten das Gefühl, sie seien noch nicht bereit zu heiraten, wollten es aber mit dem Zusammenleben versuchen.

Zum Glück gelang es Jerry und Bess, einigermaßen besonnen zu reagieren. Sie hörten dem jungen Paar zunächst zu und stellten fest, dass Elaine und Charles sich über die Gefühle der Eltern sehr wohl im Klaren waren. Es entging ihnen auch nicht, dass die beiden den Anlass sorgfältig geplant und sich auf die Reaktion der Eltern vorbereitet hatten.

Jerry und Bess fragten Elaine und ihren Freund vorsichtig nach ihren Beweggründen und brachten ihre Sorgen und Wünsche klar und liebevoll zum Ausdruck, ohne unhöflich zu werden, obwohl sie es wirklich schwierig fanden, die Situation zu akzeptieren.

Zu ihrer großen Freude wurden sie von den beiden häufig eingeladen. Mit der Zeit erkannten sie, dass Charles ein außergewöhnlicher junger Mann war, genau der Typ, den sie sich für ihre Tochter gewünscht hatten. Sie hofften nur, die beiden würden irgendwann heiraten. Weil sie beide tief gläubig waren, beteten sie inständig dafür und baten auch Freunde um ihre Fürbitte. Jerry machte sich solche Sorgen, dass er einmal sogar drei Tage lang fastete und betete.

Eines Tages luden die jungen Leute die Eltern wieder einmal zum Essen ein. Beim Nachtisch fragten sie, ob Jerry und Bess einverstanden wären, wenn sie heirateten. Die Liebe und Freundlichkeit der Eltern, so sagten sie, habe in ihnen den Wunsch geweckt, ihrem Beispiel und ihren Wünschen Folge zu leisten. Dankbar kehrten Jerry und Bess an jenem Abend nach Hause zurück. Wie froh waren sie, dass sie nichts gesagt oder getan hatten, was ihnen die Tochter entfremdet hätte.

Wenn Sie sich in einer ähnlichen Situation befinden und Ihr Möglichstes getan haben, das Ergebnis aber nicht so positiv war, dann verzweifeln Sie nicht. Fangen Sie nicht an zu überlegen, ob Sie strenger hätten sein sollen. Wenn Sie andererseits zu autoritär waren oder übereilt und heftig reagiert haben, dann können Sie sich immer noch entschuldigen und von vorn anfangen. Im Gebet können Sie sich darauf vorbereiten und um Feingefühl, Weisheit und inneren Frieden bitten.[27]

Religiöse Entscheidungen

Neben der Sexualität ist die Glaubenswahl ein Bereich, in dem junge Erwachsene ihren Eltern große Sorgen bereiten können. Weil der Glaube oft ganz eng mit unseren Gefühlen verbunden ist, tut es uns sehr weh, wenn unsere Kinder hier andere Wege gehen wollen als wir.

Die veränderte Einstellung unserer Kinder zum Glauben kann auf vielerlei Weise zum Ausdruck kommen. Vielleicht besuchen sie eine andere Gemeinde als wir oder gar keine. Vielleicht heiraten sie jemanden, der einer anderen Glaubensgemeinschaft oder Religion angehört. Oder sie beschließen, ihre eigenen Kinder nicht mehr in die Kirche zu schicken, weil die »selbst entscheiden« sollen. Oder sie schließen sich einer religiösen Gruppe an, die wir als Eltern für eine »Sekte« oder für gefährlich halten. Als Eltern haben wir dann schnell das Gefühl, wir hätten versagt. Manchmal fürchten wir auch, die Kinder könnten einen Fehler begehen, der unabsehbare Konsequenzen hat.

Dazu kommt, dass alle Religionen nicht nur einen Kern von Glaubenssätzen umfassen, dem die Menschen nachzuleben versuchen, sondern auch eine ganze Menge Traditionen, die das gesamte

Leben betreffen. Unser Glaube bestimmt, wie Hochzeiten und Beerdigungen gestaltet werden. Er betrifft die Feiertagsriten. Am wichtigsten aber ist vielleicht, dass unsere Religion auch unsere Wertvorstellungen beeinflusst. Sie bestimmt, was wir für falsch oder richtig halten, wie wir uns das Leben nach dem Tod vorstellen und was man in diesem Leben tun muss, damit das nächste gelingt.

All diese Dinge prägen unsere Identität und unser Erbe – auch das unserer Kinder. Und wenn eines unserer erwachsenen Kinder die Religion wechselt oder völlig ignoriert, dann kommt es leicht zu Spannungen: »Was? Du willst nicht kirchlich heiraten?«

Alle gläubigen Eltern, deren Kinder andere Wege gehen, fragen sich: »Was soll ich jetzt machen?« Darauf gibt es im Grunde nur zwei Antworten. Entweder distanzieren wir uns von unseren Kindern und lehnen sie ab, weil wir mit ihrer Entscheidung nicht einverstanden sind. Oder wir bleiben in Kontakt und halten die Türen offen.

Kluge Eltern sollten sich unserer Meinung nach für das zweite Vorgehen entscheiden. Lernen Sie mit Ihrer Enttäuschung fertig zu werden, und lernen Sie, mit den Kindern zu reden und Ihnen zuzuhören, ohne Druck auszuüben.

Eine andere Religion ... eine andere Gemeinde

Maria ist Jüdin. Ihre Tochter Stella hat während des Studiums eine christliche Gemeinde besucht. Zuerst dachte Maria: »Warum nicht? Stella ist ein braves Kind. Sie ist neu an der Uni und versucht sich zu informieren. Aber sie weiß ja, wo ihre Wurzeln sind. Sie wird an ihrem jüdischen Glauben festhalten.« Maria war gekränkt, dann wütend und schließlich außer sich, als Stella erklärte, sie habe Jesus als ihren Messias angenommen und sich in ihrer neuen Gemeinde taufen lassen.

»Und was ist mit deiner Familie? Kümmern wir dich nicht mehr? Du hast uns verraten! Was ist mit deiner Hochzeit? Deinen Kindern? Deiner Zukunft? Oh, Stella, das ist ja fürchterlich. Wir müssen sofort mit dem Rabbi sprechen.«

Marias Schmerz sitzt tief und ist echt. Er wird nicht von allein verschwinden. Viele andere Mütter und Väter können sie verstehen. Die größte Angst vieler Eltern ist, ihre Kinder könnten den Glauben ihrer Eltern aufgeben.

Auch Richard musste sich mit dieser Frage auseinander setzen. Seine beiden Kinder gingen noch zur Schule, als sie zu einer anderen Glaubensgemeinschaft wechseln wollten. Sean und Barbie waren in einer evangelischen Gemeinde aufgewachsen, in der ihre Familie sich schon seit fünf Generationen engagierte. Jetzt wollten sie eine nahe gelegene Baptistengemeinde besuchen. Zunächst hoffte Richard, dass es sich nur um ein kurzes Experiment handeln würde. Als seine Kinder darauf beharrten: »Wir wollen diese Gemeinde besuchen und dort auch Mitglied werden«, wurde er wütend. »Was meint ihr, was eure Großeltern denken? Wie könnt ihr eine so lange Familientradition einfach ignorieren?«, hätte er am liebsten gefragt, aber er sagte nichts. Stattdessen versuchte er möglichst ruhig mit Sean und Barbie zu reden. Aber auch das führte zu nichts.

Dann bot er ihnen an, das Taschengeld zu verdoppeln und ihnen sogar die Sommerfreizeit der Baptistengemeinde zu bezahlen, wenn sie dafür in seiner Gemeinde blieben. Ihre Antwort war eindeutig: »Wir wollen nicht in die evangelische Kirche gehen.« Er probierte es mit Drohungen: »Eure Großeltern werden einen Herzschlag bekommen.« Es folgten noch weitere Einschüchterungsversuche, die in der Bemerkung gipfelten: »Wenn ihr mich und meine Wünsche nicht respektiert, dann bin ich nicht bereit, euch das Studium zu finanzieren.« Darauf erwiderte Sean: »Wenn Gott möchte, dass wir studieren, dann wird er auf andere Weise für uns sorgen.« Barbie stimmte dem zu, und der Vater fühlte sich machtlos.

Als letzten Ausweg suchte Richard das Gespräch mit seinem Pfarrer. Der fragte: »Richard, haben Sie in Ihrer Jugend nie eine andere Gemeinde besucht?«

»Doch, mehrmals während des Studiums.«

»Und warum sind Sie in die evangelische Kirche zurückgekehrt?«

»Nun, irgendwie habe ich mich da mehr zu Hause gefühlt. Es schien mir einfach richtig.«

»Aber war es Ihre eigene Entscheidung?«, fragte der Pfarrer nach. »Oder sind Sie von Ihren Eltern dazu gezwungen worden?«

»Nein, ich wusste zwar, dass sie es gern sahen, aber sie haben keinen Druck ausgeübt.«

»Und möchten Sie nicht dasselbe für Ihre Kinder? Dass sie sich aus eigenen Stücken für die evangelische Kirche entscheiden und nicht, weil Sie sie dazu gezwungen haben?«

»Hm, ja, sicher«, erwiderte Richard. »Aber sie gehen doch noch zur Schule.«

»Nun, warum versuchen Sie nicht, ihnen die Freiheit zu lassen, anstatt sie zu etwas zu zwingen? Sie könnten ja einmal mit ihnen in die Baptistengemeinde gehen und sich anhören, was dort gepredigt wird, damit Sie mit ihnen darüber reden können.«

Als Richard das Büro verließ, hatte er das Gefühl, die ganze Welt hätte sich gegen ihn verschworen, sogar sein eigener Seelsorger. Doch als er über das Gespräch nachdachte, wurde ihm klar, dass der Pfarrer Recht hatte. Zu Hause sagte er zu den Kindern: »Ich habe noch mal über diese Kirchensache nachgedacht und beschlossen, dass ich euch die Freiheit lassen muss, selbst zu entscheiden. Es tut mir Leid, dass ich versucht habe, euch zu manipulieren. Und ich möchte mich dafür entschuldigen, dass ich so schlecht über die Baptistengemeinde geredet habe. Ihr müsst selbst wissen, was ihr wollt, und ihr sollt euch frei entscheiden können. Aber ich denke, ich werde irgendwann mal an einem Sonntag mit euch kommen. Ehrlich gesagt war ich erst einmal in einer Baptistengemeinde, und ich möchte gern mehr darüber wissen.«

»Prima«, erwiderte Sean. »Wann du willst. Sag uns einfach Bescheid.«

Barbie fiel ihrem Vater um den Hals, und Sean schüttelte ihm die Hand, und Richard hatte sich wieder die Möglichkeit eröffnet, einen positiven Einfluss auf die religiösen Entscheidungen seiner Kinder auszuüben.

Sekten und Kulte

Viele Jugendliche erproben andere Glaubensformen, wenn sie das Elternhaus verlassen und zu studieren oder zu arbeiten beginnen. Viele Gemeinschaften werben um Anhänger. Die jungen Menschen, die darauf hören, stammen oft aus Familien, die zwar nominell christlich sind, sich aber kaum engagieren. Wo moralische und geistliche Vorbilder fehlen, entsteht ein Vakuum, das alle möglichen religiösen Gruppierungen sich zunutze machen. Junge Menschen sind oft sehr stark auf der Suche nach etwas, woran sie glauben, nach einer Gruppe, zu der sie gehören können.

Von der Sehnsucht nach einem sinnerfüllten Leben getrieben, geraten viele unter den Einfluss von Glaubensgemeinschaften, deren Überzeugungen und Praktiken von dem, was in ihrer Familie gelebt wurde, weit entfernt sind. Manche dieser Gruppen werden von Experten als gefährlich eingestuft, weil ihre Führer starken Zwang ausüben und die Anhänger ihre persönliche Freiheit verlieren. Sie sind auch deshalb gefährlich, weil sie ihre Mitglieder mit Schuldgefühlen, Ängsten oder strengen Regeln zu kontrollieren suchen. »Heaven's Gate«, eine Sekte, deren Anführer behauptete, er würde seine Jünger »auf die nächste Stufe« und die Begegnung mit einem Raumschiff vorbereiten, führte 1995 in Südkalifornien achtunddreißig Erwachsene in den Tod. Die Tatsache, dass drei Dutzend Anhänger aus allen Teilen der Vereinigten Staaten diese Geschichte glaubten und sich den Regeln ihres Führers Marshall Applewhite unterwarfen, zeugt davon, wie viel Macht Sektenführer über ihre Anhänger gewinnen können.[28]

Wenn Eltern erfahren, dass ihre Kinder in einer solchen Gruppe mitmachen, sind sie normalerweise entsetzt darüber, wie weit ihre Angehörigen bereits in die bizarren Glaubenssätze und Praktiken verstrickt sind. Manche versuchen ihre Kinder mit bezahlter Hilfe aus der Gruppe zu entführen. Solche Bemühungen sind jedoch nur selten erfolgreich. Stattdessen führen sie nur zu weiteren Feindseligkeiten. Oft kehren die jungen Leute kurz darauf wieder zu ihren Freunden zurück oder engagieren sich in einer anderen Gruppe.

Weit hilfreicher ist es, wenn Eltern einfach versuchen, den Kontakt zu ihren Kindern aufrechtzuerhalten. Es ist uns durchaus bewusst, dass manche Gruppen alles daransetzen, ihren Mitgliedern den Kontakt zur Familie zu verbieten, und schon diese Taktik allein ist ein Hinweis darauf, dass die Gruppe gefährlich ist. Jede Religion, die ihren Anhängern keine Entscheidungsfreiheit lässt, ist nicht mehr religiös im eigentlichen Sinne. Sie wird schlicht zum Gefängnis. Eltern sollten nicht zulassen, dass die Regeln einer solchen Gruppe ihnen den Kontakt mit ihren Kindern verwehren, sondern sollten mit Briefen, Anrufen, Telegrammen, E-Mails oder auf andere Weise probieren, die Verbindung nicht abreißen zu lassen.

Wenn möglich sollten sie ihre Kinder auch besuchen und an einigen der Veranstaltungen teilnehmen. Wo das nicht geht, können sie sich durch eigene Nachforschungen oder bei Menschen, die in der Nähe wohnen, über die Gruppe informieren. Jeder Versuch einer Kontaktaufnahme sollte jedoch freundlich sein und nicht provozieren. Jede liebevolle Geste, jedes Geschenk, das die Eltern hinterlassen, ist für den jungen Erwachsenen ein positives Zeichen und ein handfester Beweis für die Verbindung zur Kindheit und zum Elternhaus. Wenn der junge Mensch zu Hause einen Besuch machen darf, sollte die Tür offen stehen für ein Gespräch in neutraler Umgebung. Ein solcher Gedankenaustausch sollte ehrlich sein, aber frei von Vorwürfen. Eltern sollten erkennen, dass es ein Unterschied ist, ob sie die Ansichten ihrer Kinder missbilligen oder die Kinder selbst verurteilen, weil sie solche Ansichten haben. Manche Eltern befürchten, sie würden ihre Kinder nur ermuntern, gefährlichen Strömungen nachzulaufen, wenn sie ihnen die Freiheit lassen, ihren eigenen Glaubensüberzeugungen zu folgen. Doch das Gegenteil ist richtig. Es muss dem jungen Erwachsenen überlassen werden, welchen Glauben und welche Frömmigkeitsform er wählt. Eltern können einen gewissen Einfluss ausüben, aber sie können darüber nicht bestimmen.

Ein globales Dorf

Die Welt wird immer mehr zum Dorf, und unsere erwachsenen Kinder werden in der Gemeinde, in der Schule und durch die Medien mit den unterschiedlichsten Frömmigkeitsformen konfrontiert. Ihr eigener Glaube wird dadurch herausgefordert und geprägt. So kann ein Moslem feststellen, dass er in einer Vorlesung neben einem Buddhisten sitzt, während vor ihm ein Christ und neben diesem ein Atheist Platz genommen hat. Im Verlauf des Tages wird er sich vielleicht noch mit einem Juden und anderen Christen unterhalten. Und es kommt wohl auch vor, dass ein Moslem und ein Hindu – deren Völker wegen ihrer religiösen, politischen und territorialen Konflikte schon Kriege führten – im Wohnheim in einem Zimmer leben.

Bernd befand sich in so einer Situation. Sein Zimmergenosse im Wohnheim während des ersten Semesters war ein Hindu aus Indien. Bernd war in einem mehr oder weniger christlichen Elternhaus aufgewachsen und hielt sich selbst für einen Christen. Er mochte aber auch den neuen Freund, und sie unternahmen vieles gemeinsam. Ihn faszinierte der Respekt, den der Hindu vor dem Leben hatte, und in einem Kurs über die Weltreligionen schrieb Bernd einen Aufsatz über den Hinduismus. Er las dafür viel über hinduistische Philosophie und hinduistischen Lebensstil. Am Ende des Semesters verkündete er seinen Eltern, er wolle Hindu werden. Die waren entsetzt. Sie wussten nicht viel über den Hinduismus. Aber sie konnten sich noch an einen Film erinnern, den sie vor ein paar Jahren gesehen hatten und in dem eine Hindufrau bei lebendigem Leibe mit ihrem toten Mann verbrannt wurde, damit sie im Nachleben mit ihm vereint sein konnte.

Zum Glück suchten Bernds Eltern ihren Seelsorger auf, bevor sie allzu viel sagten. Der riet ihnen, Interesse an Bernds neuer Religion zu zeigen, anstatt ihren Sohn zu verurteilen. »Während des Studiums beschäftigen sich viele junge Erwachsene mit anderen Weltreligionen«, erklärte er ihnen. »Sie entwickeln ihre eigene Identität, und die Religion ist ein Bereich, in dem ihre Unabhängigkeit zum Ausdruck kommt.«

Wenn Eltern streng und stur oder vorwurfsvoll sind, dann nehmen sie sich selbst die Möglichkeit, auch in Zukunft positiv auf das Denken ihres Kindes einzuwirken. Der junge Mensch erlebt sie als »wirklichkeitsfremd« und weigert sich, mit ihnen über religiöse Fragen zu diskutieren. Wenn Eltern hingegen akzeptieren können, dass ihre Kinder sich in aller Freiheit mit anderen Religionen auseinander setzen, und wenn sie bereit sind, die Vorzüge anderer Glaubenssysteme offen und vorurteilsfrei mit ihnen zu diskutieren, dann haben sie auch Gelegenheit, über das zu reden, was ihrer Ansicht nach an diesen Religionen inkonsequent oder sogar schädlich ist, und halten sich die Tür offen. Zornige, impulsive Verurteilungen dagegen verhindern oft jedes weitere Gespräch.

Sie sind vielleicht besorgt über das Interesse Ihres Kindes an anderen Religionen. Dennoch sollten Sie Ihr Kind nicht verurteilen und damit womöglich die gesamte Beziehung aufs Spiel setzen. Ein junger Erwachsener muss erst die ihm gemäße Form des Glaubens finden. Vielleicht hilft Ihnen die Erkenntnis, dass dies ein ganz normaler Prozess ist. Jugendliche können sich für verschiedene Weltreligionen interessieren, bevor sie sich für eine entscheiden. Wenn Sie Ihr Kind auf diesem Weg begleiten, sich selbst über diese Religionen informieren und offen mit Ihrem Kind reden, dann können Sie ihm bei der Entscheidung helfen.

Wenn Sie sein Suchen aber verurteilen, dann muss es den Weg allein gehen und wird sich unter Umständen andere Berater suchen.

Eine Atmosphäre der Offenheit bewahren

Den größten Einfluss auf die religiösen Vorstellungen Ihrer Kinder haben Sie in den ersten achtzehn Jahren, wenn die Kinder noch auf Sie hören und Ihr Verhalten beobachten. Je mehr Wort und Tat übereinstimmen, desto mehr Achtung werden Ihre Kinder vor Ihnen und Ihrem Glauben haben. Je größer aber der Graben zwischen dem ist, was Sie predigen und was Sie tun, desto weniger werden sie geneigt sein, Ihren Glauben zu übernehmen.

Das heißt allerdings nicht, dass Ihr religiöser Einfluss aufhört, wenn die Kinder erwachsen werden. Auch wenn wir Fehler gemacht haben, es ist nie zu spät zu sagen: »Es ist mir inzwischen klar geworden, dass mein Leben nicht unbedingt gezeigt hat, was ich wirklich glaube. In letzter Zeit hat sich in meinem Denken und Verhalten vieles verändert und ich wünschte, ich könnte in mancher Beziehung noch einmal von vorn anfangen. Ich weiß, das ist unmöglich. Aber du sollst wissen, es tut mir Leid, dass ich dir gegenüber so oft versagt habe. Ich hoffe, wir haben in Zukunft mehr Gelegenheit, miteinander über unseren Glauben und seine Auswirkungen zu reden.« Ehrliche Worte, die uns auch verletzlich machen, können bewirken, dass ein ganz neues Klima der Offenheit entsteht.

7. Von Schwiegermüttern und Großvätern

Jenny und Jochen heirateten kurz nachdem er sein Studium an einer renommierten Universität abgeschlossen hatte. Die beiden waren schon ein paar Jahre zusammen und freuten sich auf die Ehe. Während Jochen studierte, hatte Jenny, die als Buchhalterin arbeitete, zu Hause bei den Eltern gewohnt. Noch vor dem Examen fand Jochen eine Stelle bei einer Firma in seiner Heimatstadt. Direkt nach den Flitterwochen konnte er dort anfangen.

Das Paar mietete eine Wohnung, richtete sie gemeinsam ein und war sicher, dieses erste Ehejahr würde das glücklichste Jahr ihres Lebens werden. Leider kam es anders.

Die Auseinandersetzungen drehten sich um Jennys Eltern. Um es mit Jochens Worten zu sagen: »Sie ist mit ihnen verheiratet. Ich bin nur ihr Freund. Wenn es gerade passt, ist sie auch ganz gern mit mir zusammen. Aber zuerst kommen ihre Eltern.«

Jenny behauptete, das sei nicht wahr. »Jochen ist die Nummer eins in meinem Leben. Aber ich will auch zu meinen Eltern ein gutes Verhältnis haben. Ich denke nicht, dass ich zwischen beidem wählen kann.« Allerdings räumte sie ein, es könne schon einmal vorkommen, dass sie mit Jochen etwas geplant habe, ihre Pläne dann aber ändere, wenn die Eltern anriefen und etwas von ihr wollten. Das machte Jochen wütend.

Jochens Eltern erfuhren am Telefon von den Problemen ihres Sohnes. »Mama, ich weiß, wir hatten euch für heute Abend zum Essen eingeladen. Aber vorhin rief Jennys Mutter an und fragte, ob wir kommen und auf Jennys Bruder aufpassen könnten. Er ist krank, und ihre Eltern haben einen Geschäftstermin, wollen aber nicht, dass er allein bleibt. Jenny hat gesagt, wir würden kommen, ohne sich mit mir abzusprechen.

Es tut mir Leid«, fuhr Jochen fort. »Ihr Bruder ist eigentlich alt genug, um einmal ein paar Stunden allein zu sein. Aber Jenny hat das Gefühl, ihre Eltern wären enttäuscht, wenn wir nicht kommen. Ich hoffe, ihr versteht das.«

»Natürlich, Jochen«, erwiderte seine Mutter. »Schon gut. Wir können ja ein anderes Mal ausgehen.« Sie versuchte ihn zu beruhigen. Am Ton seiner Stimme hatte sie aber erkannt, dass es um mehr ging als nur darum, auf Jennys kranken Bruder aufzupassen. Ihre Ahnung wurde einen Monat später bestätigt, als Jochen bei ihr am Tisch saß.

»Mama, ich weiß nicht, wie ich es dir sagen soll, aber Jenny und ich haben ernsthafte Probleme. Ihre Eltern sind so aufdringlich, und sie weiß nicht, wie sie sich dagegen wehren soll. Egal worum sie bitten, sie meint, es tun zu müssen. Sie versuchen uns zu beherrschen, und das ertrage ich nicht mehr lange. Sie sind so anders als Papa und du. Ich hatte keine Ahnung, dass sie so viel von Jennys Kraft und Zeit beanspruchen würden. Ihre Mutter behandelt sie, als würde sie immer noch zu Hause wohnen und als wären wir gar nicht verheiratet. Sie reagiert verletzt, wenn Jenny nicht jedes Mal, wenn sie es will, mit ihr einkaufen geht. Sie versucht sie zu manipulieren und tut so, als sei es geradezu eine Sünde, wenn Jenny nicht alles tut, was sie will. Ich dachte, Jenny wäre stärker. Aber ich habe mich wohl geirrt. Ich habe mit ihr geredet, aber sie versteht mich gar nicht. Sie meint, ich wollte, dass sie nichts mehr mit ihrer Familie zu tun hat. Aber darum geht es gar nicht. Ich möchte nur, dass sie sich zuerst als meine Frau sieht und dann erst als Tochter ihrer Eltern.«

Lillis Antwort

Was würden Sie tun, wenn Ihr Kind Eheprobleme hat und bei Ihnen sein Herz ausschüttet? Wie würden Sie eingreifen – wenn überhaupt? Lilli hätte Jochen am liebsten erst einmal umarmt und ihm gesagt, es würde schon wieder alles gut werden. Sie hätte am liebsten wie früher die Stelle geküsst, wo es ihm wehtat, und ihm versichert, dass der Schmerz bald wieder aufhören würde. Aber er war kein Kind mehr, und es ging auch nicht um ein aufgeschlagenes Knie. Es war ihr klar, dass sie seine Eheprobleme nicht lösen konnte. Aber sie konnte mit ihm reden.

»Jochen, ich bin froh, dass du mir das erzählst. Das ist eine ernste Sache, und es ist mir klar, dass sie dir zu schaffen macht. Ich weiß auch, dass viele junge Ehepaare mit ähnlichen Problemen zu kämpfen haben. Die, die realistisch an ihre Probleme herangehen, schaffen es meist, sie zu bewältigen. Die, die es nicht schaffen, sind meist die, die alles unter den Teppich kehren und so tun, als gäbe es kein Problem. Dabei werden die Schwierigkeiten dadurch nur noch größer.

Dass du mit mir geredet hast, ist schon ein erster Schritt. Nun will ich dir Mut machen, auch den zweiten zu tun. Ich bin keine Eheberatung, aber ich denke, das ist es, was ihr beide braucht. Wir haben einen guten Seelsorger in der Gemeinde, und ich kenne auch zwei gute in der Stadt. Wenn es eine Geldfrage ist, sind Papa und ich gern bereit, die Kosten zu übernehmen. Wichtig ist, dass ihr beide mit jemandem redet, der dafür ausgebildet ist, mit Paaren zu arbeiten. Lass die Dinge nicht einfach schleifen, dadurch werden sie nur noch schlimmer.«

»Ich weiß nicht, ob sie in eine Beratung gehen würde«, meinte Jochen. »Sie wäre entsetzt, wenn sie wüsste, dass ich mit dir darüber rede.«

»Dann kannst du ihr vielleicht sagen, dass du eine Therapie machen willst, weil du das Gefühl hast, dass du selbst Hilfe brauchst«, erwiderte seine Mutter, »und dass du dich freuen würdest, wenn sie mitkommt. Vielleicht tut sie es, weil sie möchte, dass der Therapeut auch ihre Meinung hört. Wenn nicht, gehst du allein. Dann kommt die Sache wenigstens in Gang, und vielleicht macht sie später doch noch mit. Dein Problem verschwindet nicht von selbst, und du brauchst Hilfe, um damit fertig zu werden.«

Jochen stimmte zu, und als er heimfuhr, war ihm schon viel wohler zumute. Zumindest wusste er jetzt, wie er die Sache anpacken konnte.

Jenny zögerte zunächst, ging dann aber doch mit zur Beratung, und in den folgenden Monaten lernten sie beide eine Menge darüber, wie man aufeinander eingeht und an einer Ehe arbeitet. Nicht nur dass Jennys Beziehung zu ihren Eltern, und besonders zu ihrer Mutter, nicht in Ordnung war. Auch Jochen musste sich einen Fehler eingestehen: nämlich dass er regelrecht davon besessen war, im Beruf vorwärts zu kommen und Karriere zu machen. Während der Beratung ging ihm auf, dass er auf Jennys Gefühle und ihr Bedürfnis nach Liebe nicht richtig eingegangen war. Sie wollte gern Zeit mit ihm verbringen, doch seine Arbeit forderte ihn so sehr, dass sie abends oft allein daheim saß. Und so hatte sie gemeint, sie könnte die Zeit genauso gut mit ihrer Mutter verbringen.

In den folgenden Monaten lernten die beiden, einander besser zu verstehen, und konnten einiges ändern. Jenny gab nicht mehr so schnell den Bitten ihrer Eltern nach, vor allem wenn Jochen und sie bereits etwas anderes abgemacht hatten. Und Jochen lernte, auf Jennys Bedürfnisse einzugehen und sich mehr Zeit für sie zu nehmen. Sie sind inzwischen fünf Jahre verheiratet und fühlen sich wohl in ihrer Ehe.

Eine neue Rolle – eine neue Beziehung

Wenn Ihr Kind heiratet, dann wird sich Ihre Beziehung zu ihm ändern. Die Erweiterung der Familie durch den Partner Ihres Kindes kann für Sie zu einer Bereicherung werden. Vielleicht empfinden Sie den neu Hinzugekommenen aber auch als störendes Element. Wie Sie damit umgehen, hängt letztlich von Ihnen selbst ab.

Wenn Ihr Kind heiraten will, schlüpfen Sie in eine neue Rolle – Sie werden zu Schwiegereltern. Sie bekommen mit einer Schwiegertochter oder einem Schwiegersohn nicht nur einen Menschen, der einen direkten Einfluss auf Ihr Kind hat. Sie sind nun plötzlich auch mit anderen Menschen verwandt, die ebenfalls einen wenn auch eher indirekten Einfluss auf Ihr erwachsenes Kind ausüben. Und vielleicht bekommen Sie bald noch eine weitere Rolle. Sie werden Großeltern und müssen die Enkel mit den Eltern Ihrer Schwiegertochter oder des Schwiegersohns teilen. Und wenn Ihr Sohn oder Ihre Tochter jemanden heiratet, der bereits Kinder hat, dann werden Sie quasi über Nacht zu Großeltern.

Lillis kluger Rat

Die neuen Verhältnisse können Ihnen also Glück oder Kopfschmerzen bereiten, können Freude bringen oder Eifersucht. Jochens Mutter reagierte sehr klug auf die Klagen ihres Sohnes. Wir können in ihrem Rat verschiedene Anhaltspunkte dafür finden, wie Eltern reagieren können, wenn es in der jungen Ehe ihrer Kinder Probleme gibt – und das ist nicht selten.

Erstens einmal nahm Lilli das Problem ihres Sohnes ernst. Sie wischte es nicht vom Tisch und sagte: »Ach, so schlimm wird es schon nicht sein. Du reagierst etwas zu heftig. Geh mal mit ihr essen, dann wird sich schon alles regeln.« Sie sagte auch nicht: »Wieso sprichst du nicht direkt mit Jenny? Ich bin sicher, sie wird sich ändern, wenn sie merkt, wie dir zu Mute ist.« Und sie meinte auch nicht: »Lass ihr einfach ein bisschen Zeit und hab Geduld. Es wird sich schon einrenken.« Tatsache ist, dass Eheprobleme sich nicht »einfach einrenken«. Die hohen Scheidungsraten sind ein deutlicher Beweis dafür, dass Probleme, um die man sich nicht kümmert, nur schlimmer werden. Als besorgte Eltern sollten wir auf entsprechende Signale reagieren.

Zweitens ergriff Lilli nicht Partei. Sie können helfen, ohne zu sagen, der eine Partner (normalerweise Ihr eigenes Kind) sei im Recht und der andere habe Unrecht. Sie kennen nicht alle Hintergründe, und wenn Sie Partei nehmen, schaffen Sie nur eine Kluft zum anderen Partner. Beachten wir, dass Lilli ihrem Sohn weder sagte, es sei alles seine Schuld, noch Jenny verurteilte, weil sie immer ihrer Mutter nachgab. Sie blieb vielmehr neutral. Die Verantwortung für einen Ehe-Konflikt kann selten nur einem der Partner allein in die Schuhe geschoben werden. Meistens haben beide, Mann und Frau, Dinge gesagt und getan, die das Problem verschlimmert haben. Beide müssen erkennen, wie eine Beziehung funktioniert, und dann lernen, Korrekturen anzubringen und eine Atmosphäre zu schaffen, in der Konflikte gelöst werden können. Wenn Eltern parteiisch sind, tragen sie jedoch selbst zum Problem bei.

Drittens wartete Lilli, bis Jochen sie um Rat fragte. Als Eltern sollten Sie keine Ratschläge erteilen, solange Sie nicht gefragt werden. Seien Sie bereit zu helfen, aber erst, wenn Sie darum gebeten werden. Lilli hätte schon gleich nachdem sie spürte, dass etwas nicht stimmte, mit Vorschlägen kommen können. Hätte sie sich aber dann schon eingeschaltet, hätte Jochen vielleicht abgewehrt und sie später nicht um Hilfe gebeten. Am besten ist es darum immer, wenn Sie warten, bis Ihre verheirateten Kinder Sie um Rat fragen. Dann sind sie auch eher bereit, auf Ihre Vorschläge zu hören.

Viertens empfahl Lilli ein konkretes und realisierbares Vorgehen. Als Eltern können wir Ratschläge erteilen, aber wir sollten dabei konkret sein. Je nach Situation empfehlen Sie vielleicht eine professionelle Beratung, den Besuch bei einem Finanzplaner oder einem Budgetexperten. Lilli empfahl eine Therapie. Sie räumte auch das finanzielle Hindernis aus dem Weg, indem sie ihre Hilfe anbot. Sie zwang Jochen nicht, etwas zu unternehmen, erklärte ihm aber, warum sie diesen Weg für gut hielt.

Lilli redete auch mit ihrem Mann über das Gespräch mit Jochen. Die beiden beschlossen, dass sie dem jungen Paar genauso begegnen wollten wie früher. Keine Fragen, keine Vorwürfe, kein verändertes Verhalten gegenüber Jenny oder ihren Eltern. Kluge Eltern versuchen nicht, die Probleme ihrer verheirateten Kinder zu lösen.

Sie sind da, um in Liebe einen Vorschlag zu machen, aber sie drängen sich nicht auf. Sie lassen ihren Kindern Raum, ihr eigenes Leben zu gestalten. Sie lassen ihnen die Freiheit, Einladungen oder andere Bitten abzulehnen, die mit ihren eigenen Plänen oder Wünschen nicht zu vereinbaren sind. Sie gehen so mit ihren Kindern um, dass sie als Einzelne und als Paar wachsen und reifen können.

Als Eltern oder Schwiegereltern sollte es Ihr Anliegen sein, Ihr Kind und seinen Partner zu unterstützen. Nehmen Sie Schwiegertochter oder -sohn mit offenen Armen auf. Raten Sie, wenn Sie darum gebeten werden. Eltern werden Sie immer bleiben, nun werden Sie auch zu Freunden.

Großeltern

Wenn Ihre Kinder heiraten, dann können Sie in der Regel davon ausgehen, dass Sie eines Tages auch Großeltern werden. Vielleicht sehnen Sie sich geradezu danach, ein Enkelkind in den Armen zu halten und mit ihm zu spielen – und freuen sich, dass Sie es am Ende des Tages wieder abgeben können. Wenn die Jahre ins Land gehen, beginnen manche Noch-nicht-Großeltern zu drängeln. Sie machen alberne Witze übers Kinderkriegen oder bringen auf andere Weise zum Ausdruck, dass sie auf die nächste Generation warten.

Vielleicht sind Sie bereits Großeltern und fühlen sich wohl in Ihrer Rolle – vielleicht auch nicht. Manche Großeltern nehmen die Haltung ein: »Ich habe *meine* Kinder großgezogen, nun sollen sie *ihre* großziehen.« Andere denken oder sagen sogar: »Nenn mich nicht Oma, so alt bin ich noch nicht.« Bei den Untersuchungen für ihr Buch *Grandparents/Grandchildren: The Vital Connection* (Großeltern und Enkel: Eine wichtige Beziehung) stellten Arthur Kornhaber und Kenneth Woodward zu ihrem Entsetzen fest, dass die meisten Kinder, mit denen sie sprachen, keine enge Beziehung zu ihren Großeltern hatten.[29] Wir stimmen mit den Autoren überein, dass das Band zwischen Großeltern und Enkeln sehr wichtig ist. Es ist Aufgabe der Großeltern, es zu pflegen. Wenn wir diese Verantwortung und dieses Vorrecht nicht ernst nehmen, können beide Seiten nur verlieren.

Es gibt heute mehr Großeltern als je zuvor, weil die Menschen länger leben und im Allgemeinen auch gesünder sind als früher. Ihr Lebensstil unterscheidet sich drastisch von dem ihrer eigenen Großeltern vor vierzig Jahren. In früheren Generationen waren Großeltern meist »zu Hause«. Die modernen Großeltern begeben sich auf Kreuzfahrt und besuchen Musicals. Früher standen die Großeltern immer und überall als Babysitter zur Verfügung. Heute grenzen sie sich ab und führen ihr eigenes Leben. Frühere Großeltern waren entspannt und ausgeruht. Moderne Großeltern sind oft angespannt und gestresst. Früher gingen Großeltern in den Ruhestand, und dabei blieb es. Heute fangen sie noch mal etwas Neues an. Oma und Opa wohnten oft am selben Ort, manchmal sogar in derselben Straße wie ihre Enkel. Heute leben sie kilometerweit entfernt.

Die Rolle der Großeltern

Und doch, trotz aller Unterschiede ist noch manches so wie früher. Noch immer sind wir Großeltern das Herz der Großfamilie. Wir sind die Historiker. Wir sind die, die die Verbindung zur Vergangenheit und zu den Wurzeln aufrechterhalten. Je älter wir werden, desto mehr interessieren wir selbst uns für die, die uns vorausgegangen sind. Das können wir an die jüngeren Familienmitglieder weitergeben.

Großeltern bieten ihren Enkeln Sicherheit und Stabilität, und das ist gerade in Zeiten rascher Veränderungen wichtig. Wir sind Berater, die nicht voreingenommen sind. Wir können Sorgen lindern und in schwierigen Zeiten Mut machen. Wir sind da, um unsere Kinder zu ermuntern, wenn sie es nötig haben. Wir sind eine Zuflucht, wenn Stress und Spannungen überhand nehmen. Wir sind bestens geeignet, unsere Enkel anzuspornen, uns über jeden zu freuen und sein Selbstbewusstsein zu fördern.

Darüber hinaus können wir auch geistlichen Rat geben und geistliche Stärke vermitteln. Viele Großeltern beten für jedes ihrer Enkelkinder und auch für dessen Eltern. Sie vermitteln Trost und gute Laune und werden für die Enkel zu einem Beispiel für ein Leben im Glauben. König Salomo von Israel schrieb: »Der Alten Krone sind Kindeskinder.«[30] Enkel sind ein besonderes Geschenk.

Wir haben einen anderen Zugang zu den Kindern als ihre Eltern oder andere Menschen, und auch für unsere Enkel sind wir besondere Menschen. Und gerade darauf können wir aufbauen. Es liegt an uns, wie wir diese Beziehung gestalten.

Zur Erinnerung für die Großeltern

Es wäre schön, wenn alle Großeltern sich die beiden folgenden Wahrheiten zu Herzen nähmen: 1. Enkel sind *nicht* ihre Kinder. 2. Es sind ihre *Enkel.*

Der erste Satz scheint klar, und doch kann es zu unzähligen Problemen führen, wenn wir ihn vergessen. Weil Sie nicht die Eltern sind, sollten Sie die Rechte und die Autorität der Eltern nicht missachten. Das bedeutet, dass Sie mit den Eltern reden, bevor Sie den Enkeln Geld schenken oder leihen, sie zu irgendwelchen Veranstaltungen mitnehmen oder andere Pläne machen. Und Sie sollten auch mit den Eltern sprechen, bevor Sie den Enkeln wichtige Ratschläge geben. Wenn Sie die Autorität der Eltern nicht achten, kann das zwischen Ihnen und Ihren erwachsenen Kindern zu den größten Konflikten führen.

Ein Punkt, an dem es heute immer wieder zu Meinungsverschiedenheiten kommt, ist die Erziehung. Als Ihre Kinder klein waren, haben Sie sie vielleicht hin und wieder auch geschlagen. Das kommt für viele Eltern heute nicht in Frage, und das werden Sie zu respektieren haben. Die Gründe sind nicht in einer größeren Nachgiebigkeit zu suchen. Doch mit dem gestiegenen Bewusstsein für Kindesmissbrauch und einer anderen Auffassung von Erziehung gehen viele Eltern mit Strafen äußerst vorsichtig um. Es ist wichtig, dass Sie wissen, welche Erziehungsgrundsätze Ihre Kinder anwenden. Diskutieren Sie mit Ihnen, wenn Sie Lust haben. Aber setzen Sie sich nicht über ihre Prinzipien hinweg. Respektieren Sie die Elternrolle Ihrer Kinder. Wenn Sie mit ihnen zusammenarbeiten, damit die Welt für Ihre Enkel zu einem schönen, sicheren Ort wird, dann kann das den Zusammenhalt der Familie nur stärken.

Die zweite Aussage scheint genauso klar. Es sind Ihre Enkel, und Sie haben ihnen gegenüber eine wichtige Aufgabe wahrzunehmen. Doch es braucht Phantasie und Zeit, um Kontakt zu pflegen und dieser Aufgabe nachzukommen. Sie haben ein gewisses seelisches Anrecht auf diese Kinder, aber Sie dürfen es nur mit größter Vorsicht ausüben, da Sie ja eine lebenslange Beziehung aufbauen wollen. Sie möchten nur mit guten Gefühlen an die Enkel denken, und dasselbe wünschen Sie sich auch umgekehrt.

Egal ob Sie in der Nähe oder weiter entfernt wohnen, vergessen Sie nicht, dass Kinder wachsen und sich ständig verändern. Darum seien Sie offen und reagieren Sie aufgeschlossen auf ihre Bedürfnisse. Fragen Sie die Eltern nach den Fähigkeiten und Interessen Ihrer Enkel, vor allem wenn Sie sie nicht regelmäßig besuchen können. Vielleicht haben Sie sich etwas Schönes mit dem Enkelkind vorgenommen oder sich ein besonderes Geschenk überlegt und müssen dann feststellen, dass gerade dieses so sorgfältig ausgewählte Spielzeug nicht dem Alter entspricht oder das Kind sich für ganz andere Dinge interessiert. Vielleicht wollen Sie es auf eine Reise mitnehmen und müssen erkennen, dass das, was einem Erwachsenen spannend vorkommt, für ein Kind überhaupt nicht von Interesse ist.

Etwas, das alle Großeltern schenken können, ist Zeit und Aufmerksamkeit. Darum versuchen Sie, für das Kind verfügbar zu sein – um zu spielen, vorzulesen, etwas zu unternehmen. Und vor allem schenken Sie ihm Ihre bedingungslose Liebe. Das heißt nicht, dass das Kind tun darf, was es will. Vielmehr bedeutet es, dass Sie immer das Beste für das Kind suchen, dass Sie es gern haben und ihm das auch zeigen. Ein dickes, überschwängliches Lob zum Beispiel ist nie fehl am Platz. Sie gehören zu den wenigen Menschen, die Ihr Enkelkind zum Strahlen bringen können, und das oft mit einer Spur von Albernheit, die Sie sich sonst nirgends erlauben dürften. Die Möglichkeiten, einander Freude und Mut zu machen, sind in kaum einer Beziehung so unbeschränkt wie in der Beziehung zwischen Großeltern und Enkeln.

Wenn Sie für Ihre Enkel da sind, dann vermitteln Sie ihnen ein ganz einzigartiges Stück Lebenserfahrung. Die Enkel bekommen etwas mit von Ihrer Einstellung zum Leben, Ihrer Geschichte, Ihren Erinnerungen, Ihren Begabungen und Interessen, und – am wichtigsten – sie spüren etwas von Ihrer Liebe. Das wird immer wichtiger, je älter das Kind wird und je mehr es dazulernt. Und auch für Sie selbst kann es beglückend sein, ein Stück Ihres Lebens weiterzugeben.

Großeltern auf Entfernung

Vielleicht wohnen Sie ziemlich weit entfernt von Ihren Enkeln. Das bedeutet aber nicht, dass Sie auch innerlich einander fern sein müssen. Bei den vielen modernen Kommunikationsmitteln wird es immer einfacher, in Kontakt zu bleiben. Wir denken an Briefe, Anrufe und E-Mails. Aber die Beziehung kann man noch ganz anders pflegen. Hier fünf Beispiele, wie Großeltern kreativ sein können:

– Ellen, eine Großmutter aus Bayern, liest mit ihrer Enkelin in Hamburg gemeinsam Bücher. Sie kauft jeweils zwei Exemplare desselben Buchs und schickt eines davon an Sophie. Dann lesen beide in der Woche dasselbe Kapitel, und am Wochenende ruft Oma an und sie unterhalten sich über das, was sie gelesen haben – was ihnen gefallen hat und was nicht. Das führt oft zu interessanten Diskussionen über Sophies Gefühle und manchmal über das Leben selbst. Wenn ein Buch zu Ende gelesen ist, darf Sophie das nächste aussuchen. Die beiden werden ihren Mini-Buchclub wohl bis an ihr Lebensende fortsetzen.

– Horst hat sich kürzlich mit dem Computer vertraut gemacht. Jeden Monat schreibt er nun eine Geschichte und schickt sie per E-Mail an seine Enkelin in Kalifornien. Sara lädt sich den Text herunter und schreibt später an ihren Großvater. Sie schickt ihm ihre Kommentare und Fragen. Manche von Horsts Geschichten beruhen auf wahren Begebenheiten, andere denkt er sich aus.

– Als die kleine Tabea mit ihren Eltern wegzog, war Großmutter Luise zunächst sehr traurig. Aber sie nahm sich vor, weiterhin mit der Enkelin in Verbindung zu bleiben. Alle zwei Wochen nimmt sie eine Gutenacht-Geschichte auf Kassette auf und schickt sie an Tabea. Kürzlich haben die Großeltern eine Videokamera gekauft, und nun kann Tabea ihrer Großmutter beim Vorlesen nicht nur zuhören, sondern auch zuschauen.

– Karl und Heidi sind sehr reiselustige Großeltern. Schon lange hatten sie vor, sich später möglichst viel von der Welt anzusehen. Eine Woche nach Karls Pensionierung kauften sie einen Wohnwagen, und einen Monat später waren sie bereits unterwegs. In den vergangenen fünf Jahren waren sie jedes Jahr sechs Monate auf Reisen. Zwei Wochen verbringen sie jeweils im Ausland. Weil sie mit ihren drei Enkeln trotzdem in Verbindung bleiben wollen, schicken sie jedem von allen Orten, die sie besuchen, eine Postkarte. Am Samstag rufen sie außerdem bei den Kindern an und lassen sich erzählen, was sie die Woche über unternommen haben.

– »Wie lange dauert es noch, bis wir zu Oma und Opa fahren?«, fragt der acht Jahre alte Aaron. Es ist für ihn der Höhepunkt jedes

Sommers, für eine Woche zu den Großeltern auf den Bauernhof zu fahren. Das macht er, seit er fünf ist. Es ist das einzige Mal im Jahr, dass die Großeltern ihren Enkel sehen. Oma Martha hält die ganze Woche mit dem Fotoapparat fest und klebt die Bilder in ein Album. Wenn Aaron dann im nächsten Sommer wieder kommt, schauen sie sich einen ganzen Abend die Fotos vom letzten Jahr an. Oma lässt immer zwei Abzüge machen und schickt die Bilder auch an Aarons Eltern.

Kreative Großeltern finden immer eine Möglichkeit, mit ihren Enkeln in Kontakt zu bleiben und ihnen auch über Hunderte von Kilometern hinweg ihre Liebe zu zeigen. Vielleicht sammeln Sie Briefmarken und schicken sie dem Enkel für seine Sammlung, oder Sie kaufen Bilder seiner Lieblingsfußballer oder Clubschals oder Mützen. Alles, was sagt: »Wir denken an dich«, vertieft die Bindung. Wie bereits erwähnt, mag es ratsam sein, sich mit den Eltern abzusprechen, damit die Geschenke auch die richtigen sind.

Eine ganz wichtige Regel, an die alle Großeltern sich halten sollten, egal ob sie nun weit entfernt wohnen oder gleich um die Ecke, lautet, alle Enkel gleich zu behandeln. Vielleicht steht eines der Kinder den Großeltern besonders nahe. Das ist verständlich. Vielleicht ist es sein Aussehen, sein Verhalten, das Alter, das sie besonders anspricht. Es ist aber ganz wichtig, dass Sie Ihre Liebe und Aufmerksamkeit so gleichmäßig wie möglich verteilen. Meist vergisst man es auch als Erwachsener nicht, wenn in der Familie ein Kind den anderen vorgezogen wurde, und das kann unter den Geschwistern zu großen Konflikten führen. Außerdem spürt in der Regel auch das bevorzugte Kind, dass etwas nicht stimmt, und kann sich meist gar nicht so über die Sonderbehandlung freuen, wie die Großeltern sich das vorstellen. Beobachten Sie Ihre Enkelkinder genau, und nehmen Sie jedes einzelne in seiner Besonderheit wahr.

Was wir gerade über die Bevorzugung einzelner Kinder gesagt

haben, gilt natürlich auch für Stiefenkel. Wenn Sie sie so behandeln wie Ihr eigenes Fleisch und Blut, dann werden Sie voller Freude und Überraschung feststellen dürfen, dass Sie sich ihnen im Lauf der Zeit genauso nahe fühlen.

Besondere Situationen für Großeltern

Wenn Kinder sich scheiden lassen

Eine Scheidung ist eine der schrecklichsten Erfahrungen, die ein Kind durchmachen kann, und sie wird nicht ungeschehen gemacht, wenn ein Elternteil wieder heiratet. Eine Scheidung verfolgt ein Kind meistens ein Leben lang. Viele Kinder meinen sogar, sie seien selbst schuld an der Trennung der Eltern. Wenn sie nur artiger gewesen wären, dann wären die Eltern auch zusammengeblieben. Sie reagieren verletzt, werden wütend oder sind unsicher. In all dem Schmerz, dem Kummer und der Enttäuschung können sie bei den Großeltern Trost finden, wenn die sie mit offenen Armen aufnehmen.

Doch ist hier auch ein Wort der Vorsicht geboten. Großeltern leiden oft selbst darunter, dass sich eines ihrer Kinder scheiden lässt. Doch wenn sie ihren Enkeln helfen wollen, müssen sie lernen, die eigenen Gefühle zurückzustellen. Es sind vor allem erst einmal die Kinder in der Familie, die seelische Unterstützung brauchen, wenn ihre Welt zusammenbricht. Und dafür ist es wichtig, dass die Großeltern sich aus dem Konflikt der Eltern heraushalten. Leider sind die Großeltern der einen Seite häufig keine Hilfe, weil sie den anderen Teil beschuldigen. Das Wohl der Kinder sollte aber immer an erster Stelle stehen.

Wir können die Eheprobleme unserer Kinder nicht lösen. Das müssen wir ganz klar sehen. Wir können aber den Enkeln unsere Liebe und Zuneigung zeigen. Wenn wir ein offenes Ohr für sie haben, sie einmal in den Arm nehmen, mit ihnen ein Gebet sprechen und einfach für sie da sind, dann heißt das: »Wir kümmern uns um dich.« Das müssen sie spüren, und auch, dass wir und unsere Gefühle sich nicht ändern. Auch die Eltern haben sie noch immer gern und werden sie immer gern haben. Gerade wir als Großeltern sind in der Lage, ihnen das glaubhaft zu versichern.

Vielleicht kommen die Enkel mitten in der Scheidung mit ihren Fragen zu uns. Da ist es meist schwierig, richtig zu reagieren, und Vorsicht ist geboten. Oft wollen die Kinder jedoch gar keine konkrete Antwort, sondern möchten nur in einer geschützten Umgebung über ihre Gefühle sprechen. Wir können den direkten Fragen über die Eltern und die Scheidung aber auch nicht ausweichen. Am klügsten ist es, nicht allzu viele Informationen über den Grund der Scheidung zu geben. Wenn die Kinder wiederholt nachfragen, können wir ein bisschen mehr mitteilen. Es gibt aber Fragen, die nur die Eltern beantworten sollten. Wichtig ist vor allem, dass die Großeltern ihre Liebe zeigen, Mut machen und für die Kinder da sind.

Kann sein, dass Sie sich vor allem um die Enkel kümmern. Sicher aber machen Sie sich auch Sorgen um den Sohn oder die Tochter, die in Scheidung leben. Vielleicht sind Sie verärgert und halten den Schritt für falsch. Oder Sie empfinden Mitgefühl für Ihr Kind, »so wie er sie behandelt hat«. Bei den meisten Scheidungen liegt die Schuld nicht nur auf einer Seite. Oft haben beide Partner sich nicht genug bemüht, einander zu verstehen und bedingungslos zu lieben. Viel Fehlverhalten in einer Ehe rührt daher, dass die Partner nie gelernt haben, das Bedürfnis nach Liebe beim anderen zu befriedigen. Wo dieses Bedürfnis nicht gestillt wird, neigen wir dazu, vermehrt unsere schlechten Seiten zu zeigen.

Sicher, Sie können die Probleme Ihrer Kinder nicht lösen und auch nicht zum Eheberater werden. Sie können aber den Gang zum Eheberater empfehlen und unter Umständen die Kosten übernehmen. Sie können als Erstes ein paar gute Bücher besorgen, die dem Paar helfen, klarer zu sehen.

Wenn die Kinder wieder heiraten

Der Familienkreis vergrößert sich, wenn die erwachsenen Kinder ein zweites oder sogar drittes Mal heiraten und damit neue Kinder in das Leben der Großeltern bringen. Da viele Geschiedene wieder heiraten, müssen viele Großeltern erleben, dass nun noch jemand anders bei der Erziehung der Enkel mitredet. Sicher, Sie sorgen sich um das Wohlergehen Ihrer Enkel. Sie müssen aber zulassen, dass Ihre Kinder ihre eigenen Entscheidungen treffen. Hat Ihr Sohn oder Ihre Tochter einmal beschlossen, wieder zu heiraten, müssen Sie diese Entscheidung akzeptieren und versuchen, eine positive Beziehung zum neuen Partner herzustellen. Wenn Kinder aus einer früheren Ehe vorhanden sind, wird der neue Partner auch zu Stiefvater oder -mutter.

Auch in den besten Stief-Familien kann es zu Spannungen kommen, da die Kinder innerlich gespalten sind und gleichzeitig mit neuen Autoritätsfiguren und neuen Geschwistern klarkommen müssen. Vielleicht geben sie dem neuen Elternteil die Schuld an allen Problemen, vom Scheitern der ersten Ehe bis zur Wiederheirat und den Problemen mit dem Umzug. Andererseits können sie auch dem eigenen Elternteil die Schuld am Auseinanderbrechen ihrer Welt geben und nehmen es ihm unter Umständen übel, dass er einen anderen heiratet. Auch da können Großeltern Halt und Trost vermitteln.

Manchmal müssen Großeltern feststellen, dass der neue Partner ein Enkelkind ignoriert oder schlecht behandelt, und möchten am liebsten eingreifen. Sollten Sie je entdecken, dass die Eltern oder Stiefeltern ein Kind in irgendeiner Weise missbrauchen, dann haben Sie das Recht und auch die Pflicht, sich für das Wohl des Kindes einzusetzen. Wichtig ist jedoch, wie und mit wem Sie reden. Am besten ist es, wenn Ihr erwachsenes Kind die Initiative ergreifen und die Sache mit dem Partner diskutieren kann. Ihre Aufgabe kann es sein, Ihrem eigenen Kind Mut zu machen und es zu unterstützen.

Wenn Ihr Kind geistig oder psychisch dazu nicht in der Lage ist, können Sie vielleicht bei den zuständigen Behörden Rat holen. Körperlicher oder sexueller Missbrauch darf sich nicht fortsetzen. Wer darum weiß und nichts dagegen tut, macht sich indirekt an den Kindern schuldig.

Stief-Großeltern haben es nicht einfach. Und doch sind gerade sie in der wunderbaren Lage, der ganzen Familie helfen zu können. Je herzlicher Sie dem Partner Ihres erwachsenen Kindes begegnen, desto besser kommen Sie auch mit den neuen Enkeln zurecht. Wenn Sie entspannt sind und Geduld haben, dann wird sich die Beziehung zu den Stief-Enkeln wahrscheinlich ganz natürlich entwickeln. Nur selten kommt es vor, dass zwischen Großeltern und Enkeln nicht mit der Zeit eine herzliche Beziehung besteht, ob es sich nun um Stiefkinder handelt oder die eigenen. Suchen Sie auch den Kontakt zu den Großeltern der anderen Seite. Das kann für später eine Hilfe sein und auch Problemen vorbeugen.

Bei der stetig steigenden Zahl zerrütteter Ehen sind die Großeltern und Stief-Großeltern zu einem wichtigen Faktor geworden. Die vielen Veränderungen sind für die Enkel oft verwirrend. Sie sind verstört und bekommen kaum oder gar keine seelische Hilfe. Großeltern sind da oft am ehesten in der Lage, den Kindern den seelischen und vielleicht auch geistlichen Rückhalt zu bieten, den sie gerade jetzt so nötig haben.

Wenn Großeltern wieder Eltern werden

Die wohl ungewöhnlichste Situation entsteht da, wo Großeltern wieder in die Elternrolle wechseln müssen – das heißt, wenn die Enkel vorübergehend oder auf Dauer zu ihnen ziehen. Das kommt immer häufiger vor.

Für manche Großeltern ist es eine riesige Enttäuschung, wenn sie die Verantwortung für die Enkel übernehmen müssen. Sie haben nicht damit gerechnet, wieder in die Elternrolle gedrängt zu werden. Doch Scheidung, Tod eines oder beider Elternteile, Kindesmissbrauch oder Drogenabhängigkeit der Eltern lassen ihnen keine andere Wahl. Viele Großeltern nehmen Kinder und Enkel nach einer Scheidung vorübergehend bei sich auf. Andere übernehmen gleich ganz die Verantwortung für einen oder mehrere Enkel.

Sylvia de Toledo, die Gründerin der amerikanischen Selbsthilfeorganisation »Großeltern als Eltern«, sagt: »Großeltern, die die Elternrolle von ihren erwachsenen Kindern übernehmen, sind oft ratlos und deprimiert, wenn sie sehen, wie sich ihr Leben verändert.«

Es besteht kaum ein Zweifel, dass das Leben der Großeltern sich mit einem solchen Schritt radikal ändert. Das leere Nest füllt sich wieder, die Pläne für die Zeit nach der Pensionierung müssen aufgeschoben oder ganz aufgegeben werden, und die Ersparnisse zerrinnen. Auch die seelischen Auswirkungen können gravierend sein. Die Großeltern haben das Gefühl, in der Falle zu sitzen. Sie fühlen sich machtlos, frustriert, verbittert und haben Schuldgefühle. Die rühren zum Teil daher, dass sie meinen, sie hätten an ihren Kindern versagt und müssten es nun ausbaden. All das zu einem Zeitpunkt, wo sie sich selbst Ordnung und Stabilität wünschen. In manchen Fällen kann der Druck zu Depressionen führen, die dann eine fachliche Behandlung nötig machen.

Wenn Sie sich in einer solchen Situation befinden, können Sie vielleicht bei einer Selbsthilfegruppe vor Ort Hilfe suchen. Informationen erhalten Sie unter Umständen beim Jugendamt.

Scheuen Sie sich nicht, nach Unterstützung zu fragen, bei den Behörden, aber auch in Ihrer Gemeinde oder an anderen Stellen. Vielleicht finden Sie Menschen, die gern bereit sind, auch einmal einzuspringen, um Sie zu entlasten. So können Sie wieder Kraft gewinnen, um Ihren Enkeln den nötigen Halt zu geben und die Liebe zu schenken, die sie brauchen.

8. Die eigenen Bedürfnisse

Kindererziehung zehrt an den Kräften, körperlich, seelisch und finanziell. Bis der Nachwuchs aus dem Gröbsten heraus ist, sind manche Eltern völlig erschöpft. Das Elternsein kann der Gesundheit schaden.

»Ich dachte, jetzt würden wir es allmählich leichter haben und könnten die Früchte unserer Arbeit genießen«, sagte ein Vater. »Stattdessen geht unser ganzes Geld für die Anwälte drauf, die versuchen, unseren Sohn aus dem Gefängnis zu holen. Inzwischen haben wir das Haus verkauft und sind in eine kleinere Wohnung gezogen. Ich weiß nicht, was wir tun, wenn etwas Unvorhergesehenes dazwischenkommt. Wir wissen nicht mehr weiter.«

Ein anderes Paar hat sechs Enkel von zwei Adoptivtöchtern, die beide mit sehr arbeitsscheuen Männern verheiratet sind. Sie arbeiten immer nur die paar Monate pro Jahr, die man unbedingt braucht, um wieder Arbeitslosengeld zu beziehen. Die Männer wissen, wie sie sich durchschlagen. Die Eltern aber sind in der Zwickmühle. Sie möchten, dass es den Enkeln gut geht. Gleichzeitig wollen sie die jungen Familien aber nicht finanzieren.

Wenn echte Notfälle oder unvermeidliche Probleme ihre erwachsenen Kinder heimsuchen, dann fühlen sich viele Eltern zum Eingreifen verpflichtet.

Manchmal ist die Schuld an der Situation nicht einmal im unbedachten Verhalten des Kindes zu suchen. Es leidet vielleicht an einer Krankheit oder Behinderung.

Die langfristige Belastung für die Eltern kann sehr groß sein. Die Not ihres Kindes ist ihnen nicht gleichgültig. Doch manchmal haben sie einfach nicht die Kraft, weder innerlich noch äußerlich, und auch nicht das Geld, um zu helfen. Die Reserven sind aufgebraucht.

Mit den Kräften haushalten

Wir Eltern wollen unseren Kindern helfen, weil wir sie gern haben. Aber wie viel können wir tun? Wie viel *sollen* wir tun? Kluge Eltern wissen, dass körperliche, seelische und finanzielle Kräfte eine Grenze haben.

Häufigstes Problem beim Umgang mit erwachsenen Kindern ist es wohl, dass wir bei Schwierigkeiten überreagieren. Wir haben uns vielleicht nach Kräften für das Kind eingesetzt, und dann stellen wir ein halbes Jahr später fest, dass schon die nächste Krise naht. Eltern müssen darum lernen, mit ihren körperlichen und materiellen Kräften zu haushalten, damit sie ihren Kindern dann zur Seite stehen können, wenn wirklich Not am Mann ist.

Hanna und Manfred wünschten, das hätte ihnen schon früher jemand gesagt. Ohne dass sie etwas davon ahnten, war ihr Sohn Boris während des Studiums alkoholsüchtig geworden. Trotzdem schaffte er die Prüfungen. Doch als es dann ans Arbeiten ging, konnte er dem Stress in der Firma bald nicht mehr standhalten und suchte wieder Zuflucht im Alkohol. »Ich brauche einfach etwas, das mir hilft, am Abend abzuschalten«, versuchte er sich vor sich selbst und anderen zu rechtfertigen. Dass er abhängig war, wollte er nicht zugeben.

In den ersten beiden Jahren hatte Boris drei verschiedene Stellen, die er immer kurz vor dem Rausschmiss selbst aufgab. Bis er etwas Neues gefunden hatte, unterstützten die Eltern ihn. Sie zahlten ihm Miete und Unterhalt. Boris blieb so lange nüchtern, bis er einen neuen Job hatte. Aber dann dauerte es kein Jahr, bis er die Stelle wieder verlor.

Als es auch mit dem dritten Job nicht klappte, zwangen die Eltern ihn, eine Therapie zu besuchen. Die Kosten übernahmen sie. Doch zwei Wochen nach der Entlassung war er wieder betrunken. Diesmal waren die Eltern so verzweifelt, dass sie ihn abschrieben. Er sei bei ihnen erst wieder willkommen, wenn er sein Leben in

Ordnung gebracht hätte, sagten sie. Der Stress war beiden einfach zu viel geworden. Beide brauchten Medikamente und waren selbst völlig am Ende.

Die Geschichte wäre sicher anders verlaufen, wenn sie sich, sobald sie von Boris' Problemen erfuhren, gefragt hätten: »Wie können wir ihm am besten helfen?« Vielleicht hätten sie dann zugeben müssen, dass sie selbst nicht genug über den Umgang mit Alkoholabhängigen wussten und Hilfe von außen brauchten. Sie hätten eine Angehörigengruppe der Anonymen Alkoholiker besuchen können. Dort hätten sie Informationen und Unterstützung gefunden. Dann hätten sie vielleicht auch klügere Entscheidungen getroffen und viel Geld gespart. Sie hätten gelernt zu warten, bis Boris bereit war, einen Entzug zu machen, und hätten ihre körperliche und seelische Gesundheit nicht aufs Spiel gesetzt.

Viel zu viele Eltern versuchen, mit den Krisen ihrer erwachsenen Kinder allein fertig zu werden, und suchen nicht den Kontakt mit anderen, die Ähnliches durchgemacht haben. Doch wenn sie keine Hilfe suchen, dann gehen sie bei ihren Rettungsversuchen oft selbst zugrunde. Schon manches Paar ist vor dem Scheidungsrichter gelandet, nachdem es alle Kräfte für die erwachsenen Kindern aufgewendet hatte, weil dabei die eigene Beziehung zu kurz kam.

Lassen Sie Ihrem Kind Freiraum

Vergessen Sie nie, dass Ihr erwachsenes Kind sein eigenes Leben leben und lernen muss, seine Probleme selbst zu lösen. Wenn Sie sich einmischen, behindern Sie den Reifungsprozess. Ihre Aufgabe ist es, Liebe zu zeigen, Ihr Kind zu akzeptieren, zu ermutigen und ihm, wenn Sie gefragt werden, auch einmal einen Rat zu geben. Das fällt vielen Eltern allerdings schwerer, als einzugreifen und die Probleme selbst anzupacken.

Wie wir bereits gesagt haben, sollten Sie jedoch selbst bestimmen, was in Ihrem familiären Umfeld akzeptiert wird und was nicht. Sind diese Grenzen gezogen, können die einzelnen Familienmitglieder einander gegenseitig helfen, sie einzuhalten. Das kann dann auch bedeuten, dass man einem Kind die Freiheit lässt, seinen eigenen Weg zu gehen, auch in einer Krise. Dass es Probleme gibt, ändert nichts an der Tatsache, dass Ihr Kind erwachsen ist.

Eltern, deren Kinder in Schwierigkeiten stecken, müssen darauf achten, ein gesundes Gleichgewicht zwischen Selbstschutz und Selbstaufopferung zu wahren. Das ist nicht immer einfach. Einerseits möchten wir gern helfen, denn schließlich ist das doch eine unserer schönsten Aufgaben. Und wir können den Menschen, die wir gern haben, bis zu einem gewissen Grad ja auch beistehen. Andererseits aber müssen wir auch auf unsere eigene Gesundheit achten. Jesus von Nazareth sagte einmal, er sei »nicht gekommen, um sich dienen zu lassen. Er kam, um selbst zu dienen«.[31] Sein Leben war gekennzeichnet von Selbstaufopferung. Die Evangelien weisen aber mehrmals darauf hin, dass er sich immer wieder aus der Menge zurückzog und einen einsamen Ort aufsuchte, um zu ruhen und zu beten. Für ihn war es wichtig, seelisch und körperlich wieder Kraft zu schöpfen, und es sollte für uns genauso wichtig sein.

Das eigene Wohlbefinden

Ihr Körper braucht Pflege. Ohne gesunde Ernährung, angemessene Bewegung und ausreichenden Schlaf kann er krank werden und vorzeitig altern oder sterben. Lassen Sie es nicht zu, dass die Probleme Ihrer Kinder Sie davon abhalten, auf die eigene Gesundheit zu achten.

Dasselbe gilt für die seelische Gesundheit. Wenn Sie Ihre inneren Bedürfnisse ignorieren, können Sie nicht erwarten, dass Sie Ihren Kindern über längere Zeit eine Hilfe sein können. Ihr eigenes Bedürfnis nach Liebe macht es erforderlich, dass Sie genug Zeit für Ihren Ehepartner und die Beziehung zu anderen Familienmitgliedern und Freunden haben. Ihr Bedürfnis nach Ordnung und Strukturen bedeutet Ihnen, dass Sie sich selbst und Ihren Kindern Grenzen setzen müssen. Ihr Bedürfnis nach Ruhe und Erholung ist genauso wichtig wie der Wunsch, den Kindern zu helfen.

Eine Mutter, die das erkannt hatte, berichtet: »Ich gehe dreimal in der Woche zur Wassergymnastik. Wenn ich das nicht hätte, könnte ich meinem Sohn und seiner krebskranken Frau keine Hilfe sein.« Ins Konzert gehen, Gymnastik treiben, den Rasen mähen, Angeln, Golf spielen und vieles andere kann Gedanken, Gefühle und den Körper von sonst übermächtigen Problemen ablenken.

Manche Eltern haben Schuldgefühle, wenn sie sich vergnügen, während ihre Kinder Schweres durchmachen. Wer sich aber zwanghaft die Probleme der erwachsenen Kinder aneignet, kann an einen Punkt seelischer Erschöpfung kommen, wo er dann ohnehin keine Hilfe mehr ist. Deshalb betrachten Sie Zeiten der Erholung als genauso wichtig für Ihre seelische Gesundheit, wie die Nahrung es für Ihr körperliches Wohlbefinden ist.

Und achten Sie darauf, auch geistlich gesund zu bleiben. Dass wir eine geistliche Natur haben, zeigt sich in unserem Wunsch nach Sinn und Bedeutung. Tief in uns allen wohnt das Verlangen, so zu leben, dass wir bei den zukünftigen Generationen eine Spur hinterlassen; uns Dingen zu widmen, die über das Grab hinausreichen. Der Materialismus kann diese Sehnsucht nach einem Lebenssinn nicht wirklich stillen. Doch es ist gerade dieses Sehnen – im Grunde eine religiöse Suche –, das die besten Kräfte in uns mobilisiert.

Die meisten Menschen wissen, dass die Frage nach dem Sinn des Lebens bedeutungslos ist, wenn es keine übergeordnete Autorität gibt, die darüber bestimmt, was gut oder schlecht, was wirklich wichtig ist. Für den Menschen, der in der christlichen Tradition aufgewachsen ist, führt die Suche nach einer letzten Autorität zum Gott des Alten und Neuen Testaments, der sich von Anbeginn der Welt seinen Geschöpfen zuwendet. Dieser Gott hat sich in der

Bibel offenbart. Wer sich zum christlichen Glauben bekennt, der glaubt auch, dass Gott seinen Sohn Jesus Christus als den Messias gesandt hat, der uns zeigt, was sinnvolles Leben überhaupt ist und wie man es erreichen kann. Christen sind sich einig, dass man sich für die Beziehung zu Gott Zeit nehmen, dass man sie pflegen muss, um geistlich gesund zu bleiben.

Auch wir Autoren glauben, dass die regelmäßige Zeit mit Gott, in der wir beten, in der Bibel lesen und über das Gelesene nachdenken, für unsere Seele wichtig ist. Diese tägliche Zeit mit Gott kann zu einer gesunden Gewohnheit werden. Unsere Seele braucht sie so sehr, wie der Körper Nahrung, Bewegung und Schlaf braucht.

Menschen, die ohne Religion aufgewachsen sind, werden oft erst durch eine Krise im Leben eines ihrer erwachsenen Kinder oder im eigenen Leben darauf aufmerksam, dass auch sie geistliche Hilfe brauchen. So hat Alkohol- oder Drogensucht schon Tausende dazu gebracht, zwei der zwölf Schritte der Anonymen Alkoholiker nachzusprechen: »Ich glaube, dass eine Kraft, die größer ist als meine eigene, mich wieder gesund machen kann. – Ich habe mich entschieden, meinen Willen und mein Leben dem Gott anzuvertrauen, so wie ich ihn verstehe.«[32] Eine solche Entdeckung trägt in sich den Beginn zu einem völlig neuen Leben. Man schämt sich nicht mehr, dass man geistlichen Trost braucht. Stattdessen gibt man zu, dass man Gott nötig hat, und ist froh, dass die geistliche Leere, in der man bislang gelebt hat, gefüllt wird.

Beziehungen in Ordnung bringen

Jahr für Jahr nimmt der Stress zu. In einer sich rasch wandelnden Gesellschaft müssen wir es lernen, immer besser auf uns zu achten, je älter wir werden. Wenn wir unserem eigenen Wohlergehen keine Bedeutung beimessen, haben wir irgendwann keine Kraft mehr und müssen resignieren. Oft führt das dazu, dass wir auch uns selbst, unsere Beziehungen und das Leben an sich nicht mehr im rechten Licht sehen. Das kann uns allen passieren, wenn wir nicht körperlich, geistlich und seelisch immer wieder auftanken. Und zu diesem Auftanken kann es auch gehören, dass wir endlich einmal Dinge in Angriff nehmen, die uns niederdrücken und vielleicht schon seit Jahren oder Jahrzehnten plagen – Dinge, die Schuldgefühle in uns wachrufen, uns deprimieren, einsam und mutlos werden lassen oder bewirken, dass wir uns wertlos fühlen.

Solche Dinge berühren oft die Grundlagen unseres Lebens oder die Menschen, die uns am nächsten stehen. Dazu gehören zum Beispiel Fehler, die wir selbst in der Erziehung unserer Kinder gemacht haben, oder Fehler unserer Eltern an uns – Dinge und Verhaltensweisen, die uns dauerhaft verletzt und gekränkt haben.

Die meisten Menschen haben auf beiden Seiten etwas in Ordnung zu bringen. Wir schlagen jedoch vor, dass Sie sich zuerst um die Verletzungen aus der Vergangenheit kümmern. Viele meinen, solche Dinge würden sich irgendwann von selbst in Luft auflösen. Aber das tun sie nicht. Ärger und Kränkungen können uns bis zu unserem Tode begleiten, wenn wir nicht von uns aus auf die Menschen zugehen, die uns die Wunden zugefügt haben. Wir wollen drei Wege aufzeigen, wie man mit Problemen aus der Vergangenheit umgehen kann: 1. den Heimweg suchen, 2. Briefe schreiben und 3. verzeihen.

1. Den Heimweg suchen

James, ein fünfzigjähriger Psychologe, ist verheiratet und Vater von drei Söhnen. Sein eigener Vater war Alkoholiker und mit seinen Kindern sehr streng. Ständig kritisierte er, nie zeigte er seine Liebe. Die Mutter war eine passive Frau und sah meist untätig zu, wenn der Vater tobte und schrie und auch sie fertig machte. James zog bald nach dem Schulabschluss von zu Hause fort und war froh, dass er die beiden Menschen, die er zutiefst verachtete, verlassen konnte. Vier Jahre war er beim Militär. Dann erhielt er ein Stipendium. Damit studierte er Psychologie und machte schließlich seinen Doktor. In all diesen Jahren fuhr er nur nach Hause, wenn es unbedingt nötig war, wie zum Beispiel zur Hochzeit seiner Schwester.

Doch während er an seiner Doktorarbeit schrieb, wurde ihm klar, dass er um seiner eigenen seelischen Gesundheit willen die Beziehung zu seinen Eltern in Ordnung bringen musste. Mit fünfunddreißig beschloss er, einmal nach Hause zu fahren und zu sehen, ob sich irgendetwas reparieren ließ. Auf der Fahrt dachte er: »Vielleicht war ich meinen Eltern gegenüber ja zu streng. Vermutlich habe ich mich einfach verhalten, wie ein Teenager in dem Alter es eben tut. Mal sehen . . .«

Am ersten Abend ging alles gut. Als die Familie zu dritt vor dem Fernseher saß, fühlte er sich richtig wohl und meinte, es sei doch eine gute Idee gewesen, heimzufahren. In dem Moment sagte Lucy, eine der Hauptfiguren der Show, die sie gemeinsam ansahen: »Heute werde ich fünfundfünfzig.«

»Was für ein Zufall«, meinte James' Mutter. »Ich bin auch fünfundfünfzig.« Worauf der Vater entgegnete: »Stimmt, aber was für ein Unterschied . . .«

Plötzlich spürte James wieder den alten Ekel, den er eigentlich überwunden geglaubt hatte. Er hasste seinen Vater wegen seiner grausamen Scherze. Und es wurde ihm bewusst, dass es wahrscheinlich kein so leichtes Unterfangen sein würde, die Beziehung zu seinen Eltern in Ordnung zu bringen. Er wollte schon aufgeben. Nur war er in der Zwischenzeit auch Christ geworden und hatte oft über die schmerzliche Vergangenheit gebetet. Deshalb beschloss er nun zu bleiben, und am nächsten Tag verwickelte er seinen Vater in ein Gespräch über dessen eigene Kindheit.

Dabei gingen ihm die Augen auf. James erfuhr, dass die Mutter seines Vaters sehr grausam gewesen war und ihn und die beiden Geschwister häufig geschlagen hatte. Er erfuhr auch, dass sein Vater von seinen Altersgenossen wegen seiner geringen Körpergröße oft gehänselt wurde. Ihm ging auf, dass auch sein Vater es sehr schwer gehabt hatte. Das erklärte die geringe Selbstachtung des Vaters und seine Unfähigkeit, Liebe zu zeigen.

Dann redete James mit seiner Mutter. Und er war überrascht, was für eine kluge Frau sich hinter ihrem zurückhaltenden Wesen verbarg. James hatte nie begreifen können, warum seine Mutter sich nicht wehrte. Im Gespräch erfuhr er nun, dass sie vor langen Jahren eine Bürolehre gemacht hatte. Sie hatte mit so guten Noten abgeschlossen, dass sie eine phantastische Stelle beim Finanzamt bekam und dort eine der ersten sechs weiblichen Angestellten bundesweit wurde. Er gewann dadurch eine ganz neue Achtung vor dieser Frau, die seine Mutter war.

Natürlich reichte ein Besuch nicht, um seine Gefühle und sein Verhalten gegenüber den Eltern von Grund auf zu verändern. Aber ein Anfang war gemacht. James meldete sich öfter bei ihnen. Er dachte über alles nach, was er erfahren hatte. Er betete über die Beziehung zu seinen Eltern und sprach mit seiner Frau und guten Freunden. Allmählich lernte er, seine Wut in den Griff zu bekommen. Schließlich gelangte er an den Punkt, wo der Gedanke an die Eltern nicht wieder Schmerz und Bitterkeit hervorbrachte. Das dauerte Monate, und es war für James keine leichte Zeit.

Doch letztlich konnte er seinen Eltern alles vergeben, was sie ihm und seinen Geschwistern angetan hatten. Das hatte eine wunderbar befreiende Wirkung. Und das Beste war, er bekam in seiner eigenen Elternrolle eine ganz neue Freiheit und konnte nun seinen Kindern das sein und geben, was er und seine Geschwister von den eigenen Eltern nie erhalten hatten. Als seine Eltern starben, war er zutiefst dankbar, dass er sich noch zu ihren Lebzeiten mit diesen alten Fragen beschäftigt hatte.

James beobachtet heute, wie einige seiner Freunde versuchen, mit Problemen aus der Kindheit fertig zu werden, und wünscht, sie könnten genauso Frieden finden wie er. Nicht allen wird es möglich sein, so mit den Eltern zu reden, wie er es tat, um sie und ihr Leben besser zu verstehen. Aber vielleicht findet sich hier und da ein älterer Verwandter oder Freund, der weiterhelfen kann.

Wie James können auch Sie nach Hause zurückkehren. Sie können versuchen, mehr über Ihre Eltern zu erfahren und sie besser zu verstehen. Auch Versöhnung ist möglich. Eine Garantie dafür, dass sie gelingt, gibt es natürlich nicht. Aber die Bereitschaft zu Offenheit und Vergebung kann den Weg ebnen, damit man die Vergangenheit in einem objektiveren Licht sehen kann – die eigene und die der Eltern.

James, der Christ geworden war, konnte mit seinen Eltern auch schmerzliche Fragen besprechen, obwohl sie seinen Glauben nicht teilten. Umgekehrt sind uns in der Beratung allerdings auch schon Menschen begegnet, die unter dem falsch verstandenen Glauben ihrer Eltern gelitten haben. Wir kennen viele Menschen, deren Eltern im Namen Gottes widersinnige Dinge getan haben. Sie haben den Kindern, vornehmlich durch das eigene Beispiel, beigebracht zu schimpfen, andere zu beschuldigen, die Wahrheit zu »frisieren« (zu lügen), andere zu verachten, zu verurteilen, ja sogar andere Familienmitglieder zu misshandeln. Manche Eltern verdrehen die Bibel, um ihren Kindern Schuldgefühle einzuflößen, die ganz und gar ungerechtfertigt sind.

Können Kinder aus solchen Familien heil werden? Es ist auf jeden Fall einen Versuch wert, für beide Seiten, Eltern und erwachsene Kinder. Wer eine Last aus Ärger, Groll oder Bitterkeit mit sich herumträgt, der kann daran zugrunde gehen. Gottes Gnade kann bewirken, dass wir Wege zur Heilung, zu Frieden und Vergebung finden. Er möchte, dass wir diese Gnade erfahren. Bitten Sie ihn darum, er wird Ihnen helfen.

2. Briefe schreiben

Ein produktiver Weg, mit Verletzungen aus der Vergangenheit umzugehen, ist, sie schriftlich festzuhalten, zum Beispiel indem man den Eltern einen Brief schreibt. Ziel ist es, tief sitzende und vielleicht völlig verdrängte Gefühle ans Licht zu bringen. Wenn man sie in Worte fasst und niederschreibt, wird es leichter, sie im rechten Licht zu sehen und dann auch mit ihnen umzugehen. Am besten ist es, wenn Sie sich zunächst Ihrer negativen Gefühle wie Wut, Verletztheit und Enttäuschung bewusst werden. Das mag Ihnen schwer fallen, wenn Sie solche Empfindungen lange unterdrückt haben, und Sie sind vielleicht versucht, möglichst schnell wieder positive Gefühle in sich hervorzurufen. Aber es ist ganz wichtig, dass Sie mit sich selbst ehrlich sind. Jeder Mensch hegt seinen Eltern gegenüber auch negative Gefühle. Sie sollen diesen Brief ja nicht abschicken. Deshalb können Sie ganz ehrlich aufschreiben, was Sie fühlen. Und Sie können sich Zeit nehmen, sich mit all den Gefühlen, die Sie vielleicht schon lange verdrängt haben, auseinander zu setzen. Wenn Sie bei dem Gedanken an Ereignisse, die schon viele Jahre zurückliegen, weinen müssen, dann tun Sie es einfach.

Wenn Sie dann den negativen Empfindungen genug Zeit gewidmet haben, schreiben Sie an jeden Elternteil einen zweiten Brief, in dem Sie sich auf das Positive konzentrieren. Lassen Sie sich auch hiermit ausreichend Zeit.

Vielleicht möchten Sie einen dieser Briefe tatsächlich abschicken. Das kann ein verhältnismäßig günstiger Weg sein, den Kontakt zur Familie wiederherzustellen, wenn Entfernung, Finanzen oder der Terminkalender einen Besuch unmöglich machen.

Briefe schreiben ist heute leider eine fast vergessene Kunst, die unbedingt wieder belebt werden sollte, obwohl durch den Computer und die Möglichkeiten der elektronischen Post tatsächlich wieder mehr geschrieben wird. Eine Warnung sei hier im Blick auf Briefe oder E-Mails aber doch noch angebracht: Schicken Sie Ihre Post erst ab, wenn Sie mit dem Geschriebenen wirklich zufrieden sind. Lassen Sie sich Zeit und überdenken Sie Ton und Wortwahl. Worte können leicht missverstanden werden. Andererseits kann man das geschriebene Wort viel leichter überprüfen als das gesprochene, bevor man es weitergibt, und man kann hinterher auch leichter darüber reden, weil man etwas fertig Formuliertes in der Hand hält.

3. *Verzeihen*

Wenn Sie den Eindruck haben, Sie hätten Ihre Gefühle gegenüber den Eltern, zumindest für den Augenblick, aufgearbeitet, dann ist es an der Zeit zu überlegen, ob Sie ihnen nicht auch verzeihen wollen. Das ist ein ganz wichtiger Schritt, aber Sie können ihn erst gehen, wenn Sie dazu bereit sind. Es genügt nicht, nur zu sagen, Sie hätten verziehen. Vergeben bedeutet, Verletzungen loszulassen. Das geschieht nur selten durch eine einmalige Willensanstrengung.

Marga war von ihrem Vater sexuell missbraucht worden. Das wirkte sich auf die sexuelle Beziehung zu ihrem Mann aus. Auf seine Bitte hin machte sie eine Therapie und erinnerte sich wieder an das, was sie all die Jahre lang verdrängt hatte. Es wurde ihr klar, dass sie ihren Vater darauf ansprechen und die Dinge, die vor so langer Zeit geschehen waren, aufarbeiten musste.

Eines Tages trafen sie sich. Marga sprach hinterher von »dem schwierigsten Gespräch, das ich je geführt habe«. Sie sagte ihrem Vater, wie die Erinnerung an jene Tage ihr immer noch wehtat. Wie sie ihr sexuelles Verhalten störte. Wie sie eine Therapie begonnen hatte, um Hilfe zu bekommen. Wie sie allmählich heil wurde. Und sie sagte, sie sei bereit, ihm zu vergeben, wenn er das wolle.

»Es war das erste Mal, dass ich meinen Vater weinen sah«, erzählte sie. »Er gestand, dass er mich schon oft um Verzeihung hatte bitten wollen. Aber er hatte sich zu sehr geschämt.

Ich versicherte ihm, dass ich ihm vergeben wollte. Ich sagte ihm aber auch, dass ich mit Mutter darüber reden würde. Denn ich hatte im Lauf der Jahre auch gegen sie einen ziemlichen Groll entwickelt, weil sie das alles zugelassen hatte.

›Ich weiß, dass das zwischen euch beiden wahrscheinlich Probleme bringt‹, sagte ich. ›Aber damit musst du dich auch auseinander setzen. Die Sache ist lange genug vertuscht worden. Es tut sicher weh, aber ich glaube, deine Beziehung zu Mutter wird auch besser, wenn ihr beide diese Dinge in Ordnung bringt.‹«

Auch das Gespräch mit Margas Mutter war nicht einfach, aber es war nötig. Marga erzählte ihrer Mutter von der Wut, die sie empfand. »Ich weiß, ich hätte schon vor Jahren mit dir darüber reden sollen«, sagte sie. »Es tut mir Leid, dass ich die ganzen Jahre so verbittert war.« Und sie fragte all die Dinge, die sie schon so lange hatte fragen wollen, und sagte alles, was ihr schon seit Jahren auf dem Herzen lag.

Die Mutter war zunächst schockiert, dann wurde sie wütend auf ihren Mann. Dann bat sie Marga um Verzeihung wegen der Rolle, die sie unbeabsichtigt gespielt hatte und weil sie nicht erkannt hatte, was geschah. Zum ersten Mal seit vielen Jahren konnte Marga ihre Mutter in die Arme nehmen und ihr vergeben.

Der lange Weg zur Heilung beginnt mit Aussprache und Vergebung. Wenn wir unseren Eltern die Fehler der Vergangenheit verziehen haben, dann können wir anfangen, das Vertrauen wiederherzustellen und ein freundschaftliches Verhältnis aufzubauen. Zum Glück erhielten auch Margas Eltern die nötige Beratung und konnten ihre eigene Ehe in Ordnung bringen.

Was aber, wenn Eltern abstreiten, dass sie Fehler gemacht haben? Das kommt häufig vor. Oder wenn sie bereits gestorben sind? In beiden Fällen können Sie dasselbe tun: Sie übergeben sie Gott, der ein gerechter Richter ist, und Sie geben auch Ihre Wut und Verbitterung bei Gott ab, der uns kennt und versteht.[33]

Wir können nicht alle Narben der Vergangenheit tilgen. Aber wir können von der Verbitterung frei werden. Das geschieht, wenn wir unseren Eltern vergeben. Vergebung ist der einzige Weg. Sie öffnet die Tür zu Versöhnung und neuer Nähe, und sie befreit uns von Wut und Bitterkeit.

Solche Vergebung wird im Neuen Testament geschildert, wo es

heißt, dass der Christ vergeben kann und sollte, weil ihm selbst vergeben worden ist. Gott wollte den Menschen vergeben, die seine Gebote immer wieder übertraten, gleichzeitig aber die guten Gebote selbst bestätigen. Er schickte seinen Sohn Jesus in die Welt. Jesus erzählte den Menschen von Gottes Absicht und führte ein vollkommenes Leben. Er wurde unschuldig hingerichtet und nahm damit die Strafe für die Sünden der ganzen Welt auf sich. Weil der Sohn Gottes selbst nun aber für alle Schuld gebüßt hat, kann und will Gott allen vergeben, die seine Vergebung annehmen.

Wem Gott vergeben hat, der soll dann auch selbst den Menschen vergeben, die ihm Unrecht getan haben. Im bekanntesten Gebet der Bibel stehen die Worte: »Vergib uns unsere Schuld, wie auch wir vergeben unsern Schuldigern.«[34] Wenn wir also unseren Eltern ihre Fehler vergeben, dann wird nicht nur ihnen geholfen, sondern wir erleben eine ganz neue Freiheit und können die Zukunft ungetrübt von Verletzung, Zorn und Bitterkeit der Vergangenheit angehen.

Wenn wir uns unsere Gefühle eingestehen und unseren Eltern verzeihen, dann öffnet uns das auch ganz neu den Blick für die Beziehung zu unseren eigenen erwachsenen Kindern. Wir alle kennen den Spruch: »Nobody is perfect – niemand ist vollkommen.« Das gilt auch für Kinder und Eltern. Alle Eltern machen Fehler, und alle Kinder leiden auf die eine oder andere Weise darunter. Niemand übersteht die Kindheit unversehrt. Es ist unmöglich, mit einem anderen Menschen zusammenzuleben, ohne dass es zu Konflikten und Missverständnissen kommt, und das ist nicht nur schlecht. Doch damit das Zusammenleben klappt, müssen wir alle lernen, unsere Gefühle und Wünsche mitzuteilen und mit anderen auszukommen. Wenn man starke, tragfähige Beziehungen schaffen will, muss man auch Unterschiede zwischen Menschen anerkennen können.

Je besser wir lernen, mit Konflikten umzugehen, umso gesünder, stärker und flexibler werden wir. Mit manchen Menschen kommt man besser aus als mit anderen. Leider konnten wir uns unsere Eltern nicht aussuchen. Das Familienleben sollte Gelegenheit bieten, Unterschiede akzeptieren und respektieren zu lernen und sich mit verschiedenen Ansichten vertraut zu machen. Dabei geht es nicht nur darum, auch Menschen, die uns irritieren, auszuhalten, sondern wir können sogar lernen, mit ihnen zusammenzuarbeiten und zu diskutieren. Eine praktische Weisheit lautet: »Echte Nähe entsteht, wo Konflikte gelöst werden.« Das gilt nirgends mehr als in der Beziehung zwischen Eltern und Kindern.

Die meisten Fehler, die Eltern begehen, können behoben und vergeben werden. Wir haben als Therapeuten selbst miterlebt, wie erwachsene Kinder die Entschuldigungen ihrer Eltern akzeptierten und ihnen auch schweren Missbrauch von Herzen vergeben konnten. Zum ersten Mal in ihrem Leben waren die erwachsenen Kinder die bedrückende Qual, den Schmerz und die Verwirrung los, die sie von Kindheit an begleitet hatten.

Natürlich müssen wir Eltern unsere Kinder hin und wieder um Vergebung bitten. Und es ist besser, wir tun das, bevor sie erwachsen werden. Denken wir nur an die Jahre der Qual, die Marga erspart geblieben wären, wenn ihr Vater die Initiative ergriffen, seine Schuld bekannt und um Verzeihung gebeten hätte. Dass er mit der Scham hätte leben müssen, wäre angesichts des Ergebnisses nur ein kleiner Preis gewesen, und seine Bitte um Vergebung hätte beiden Jahre der Entfremdung erspart. Nicht alle unsere Fehler haben so gravierende Auswirkungen wie sexueller Missbrauch. Doch wenn wir unseren Kindern Unrecht tun, ist das Ergebnis immer negativ. Wenn wir Fehler zugeben und die jungen Erwachsenen um Verzeihung bitten, können wir Barrieren und Blockaden aus dem Weg räumen.

Wir empfehlen, solche Bekenntnisse wenn irgend möglich in einem persönlichen Gespräch zu klären. Wo die Entfernung ein Problem ist, ist ein Brief wahrscheinlich besser als ein Telefonanruf. Der Brief lässt Zeit zum Nachdenken und für eine durchdachte Antwort.

Wenn Ihre Kinder noch jünger sind und bei Ihnen zu Hause leben, geben Sie Fehler sofort zu, wenn Sie sie bemerken. Kleinere Kinder sind im Allgemeinen gern bereit, ihren Eltern zu verzeihen, wenn diese so ehrlich sind, ihre Fehler einzuräumen. Ein solch ehrliches Bekenntnis schafft eine offene Atmosphäre, weil Ihre Kinder dadurch das Gefühl bekommen, dass Sie auch in schwierigen Situationen ansprechbar sind. Und wenn Sie in der Lage sind, Ihre Schuld einzugestehen, gibt das dem Kind ein Beispiel für gelebte Demut. Es bekommt mehr Achtung vor den Eltern und lernt selbst zu vergeben.

Manchen Eltern ist gar nicht richtig bewusst, welche Auswirkungen ihre Fehler auf die Kinder haben. Doch wenn sie erkennen, was sie getan haben und dass alle Eltern Fehler machen, die sie ihren Kindern (und Gott, wie die Bibel sagt) bekennen sollten, können sie ihre Schuldgefühle loswerden und den inneren Frieden erleben, nach dem sie sich sehnen.[35]

Versöhnung mit dem erwachsenen Kind

Nicht nur das Verhältnis zu Ihren Eltern kann geordnet werden. Zu Ihrem Wohlbefinden trägt es auch bei, wenn Sie die Beziehung zu Ihren erwachsenen Kindern bereinigen. In den meisten Fällen leben diese Kinder nicht mehr zu Hause. Ein erster Schritt mag darum zunächst wieder darin bestehen, dass Sie Ihrem Sohn oder Ihrer Tochter einen Brief schreiben und ihn oder sie wissen lassen, wie sehr Sie sie lieben und schätzen. Dann können Sie vielleicht erklären, warum es Ihnen zu schaffen macht, dass Sie als Vater oder Mutter nicht so waren, wie Sie gern gewesen wären. Sie können auch die Fehler erwähnen, die Sie inzwischen erkannt haben. Und dann können Sie um Verzeihung bitten und Ihrem Kind nochmals versichern, dass Sie es immer lieben werden.

Wenn Ihr Kind den Brief gut aufnimmt, ist es wichtig, dass Sie dann auch einmal miteinander über die Vergangenheit reden und Ihre Beziehung so in Ordnung bringen, dass sie für die Zukunft tragfähig wird. Wenn Ihr Kind noch zu Hause lebt und Ihnen bewusst wird, dass Sie Schaden angerichtet haben, können Sie natürlich im direkten Gespräch um Vergebung bitten. Doch auch dann ist es nötig, die Vergangenheit zur Sprache zu bringen. Und auch dann müssen Sie beide Wege finden, wie Sie Ihr Verhältnis in Zukunft gestalten wollen.

Reaktionen von Eltern und erwachsenen Kindern

Reaktionen des Kindes

Egal, wie Ihr Kind reagiert, Sie haben auf jeden Fall getan, was Eltern tun sollten. Das wird Ihre Sorgen und Schuldgefühle lindern, selbst dann, wenn Ihr erwachsenes Kind Ihren Brief oder Ihr persönliches Bekenntnis und die Bitte um Vergebung zurückweist. Doch das werden nur wenige tun. Sollten allerdings kaum zu überwindende Probleme zwischen Ihnen stehen, dann ist es unter Umständen ratsam, qualifizierte Hilfe in Anspruch zu nehmen. Sie können zuerst selbst mit jemandem reden und dann, wenn es angebracht scheint, andere Familienmitglieder mit einbeziehen.

Ihr Kind mag dabei Beschwerden über die Vergangenheit vorbringen, die Ihnen wie eine Anklage vorkommen. Vielleicht ist es wütend, lehnt Sie ab oder glaubt sogar, Sie hätten seine Vergebung nicht verdient. Wie sollten Sie auf solche Anklagen reagieren?

Ihre Reaktion

Wir möchten Sie eindringlich davor warnen, eine der nachfolgend genannten Strategien anzuwenden. Versuchen Sie stattdessen auf reife und positive Art mit den Dingen umzugehen. Das bedeutet auch, dass Sie nicht versuchen, sich zu verteidigen. In ihrem exzellenten Buch *Making Peace with Your Adult Children* (»So schaffen Sie Versöhnung mit den erwachsenen Kindern«) nennt die amerikanische Autorin Shauna Smith zwanzig häufige Reaktionen von Eltern in Auseinandersetzungen mit ihren Kindern.

Häufige Reaktionen bei Auseinandersetzungen mit erwachsenen Kindern:

Gegenangriff	Schuldzuweisungen
Berufung auf höhere Autorität	Weggehen
Vermeiden des Themas	»Du sagst das nur, um mir wehzutun«
Philosophische Betrachtungen	Abstreiten der Wahrheit
Selbstverteidigung	Sarkasmus
Andeutungen, dass das Kind gestört sei	Ungebetene Ratschläge
Klischees	Selbstgerechte Pose
Herabsetzung der Erfahrungen des Kindes	Demütigung oder Herabsetzung des eigenen Ich
»Undankbares Kind«	»Mir war's gut genug«
Vergleich der Verletzungen	Verteidigung eines Dritten[36]

Eine positive Einstellung entwickeln

Niemandem schadet es mehr als uns, wenn wir schwarz sehen. Wenn wir unsere Kinder und unsere Beziehung zu ihnen anschauen und uns gar nicht gefällt, was wir sehen, neigen wir Eltern oft zum Pessimismus.

Statt griesgrämig der Zukunft entgegenzugehen, sollten wir lieber Folgendes tun: 1. Die Tatsachen betrachten, anstatt auf unsere Gefühle zu schauen. 2. Nicht immer nur uns selbst die Schuld geben, wenn etwas schief läuft. 3. Eine Liste der Dinge anlegen, die wir geschafft haben, und sie immer wieder ansehen. 4. Uns selbst etwas Gutes tun und 5. davon überzeugt sein, dass Schwierigkeiten überwunden werden können, bis wir sie tatsächlich überwunden haben.[37]

Wir können in unserem Leben mehr ändern, als wir meinen. Wir können Entscheidungen treffen, die auf uns und die Menschen unserer Umgebung einen positiven Einfluss haben. Wir müssen nicht einfach abwarten, was passiert. Wir brauchen uns nicht als unschuldige Opfer zu fühlen, auch dann nicht, wenn wir durch unsere Kinder gelegentlich wenig willkommenen Überraschungen gegenüberstehen.

Egal wie alt wir sind, wir sollten fit und lebensfroh bleiben, damit wir unsere Aufgaben als Eltern wahrnehmen und die Vorteile dieser Lebensaufgabe genießen können. Bei erwachsenen Kindern ist das genauso wichtig wie bei kleineren, aber es ist anders, und wir lernen durch Erfahrung. Wenn wir unser Bestes geben wollen, dann müssen wir dafür sorgen, dass wir selbst in bester Verfassung sind.

9. Einander vertrauen – gemeinsam wachsen

Wir haben verschiedene Eltern gefragt: »Wie würden Sie die momentane Beziehung zu Ihrem erwachsenen Kind beschreiben?« Die Antworten waren sehr verschieden.
- Gisela, Mutter eines siebzehnjährigen Sohnes: »Es war schon besser. Diese Woche ist er an drei Abenden später nach Hause gekommen, als wir ihm erlaubt haben. Im Moment gibt es ziemliche Spannungen.«
- Bob, Vater eines dreiundzwanzigjährigen Sohnes: »Ich würde sagen, wir haben ein gutes Verhältnis. Er hat jetzt seine eigene Wohnung, wir sehen uns also nicht mehr jeden Tag. Aber wir reden mindestens einmal in der Woche miteinander. Ich denke, wir kommen gut zurecht.«
- Tim, Vater eines neunzehn Jahre alten Sohnes: »Nicht besonders gut. Unser Sohn hat eine Menge Probleme. Er will nicht auf die Uni, und er bleibt an keiner Arbeitsstelle. Die Leute, mit denen er sich herumtreibt, gefallen mir nicht. Ich glaube, sie haben einen schlechten Einfluss auf ihn. Im Moment ist die Beziehung ziemlich gespannt.«
- Betty, Mutter einer fünfundzwanzigjährigen verheirateten Tochter: »Wir haben eine sehr freundschaftliche Beziehung. Sie ist glücklich verheiratet und erwartet ihr erstes Kind. Wir gehen gern zusammen Babysachen kaufen. Ich bin sehr glücklich für sie und freue mich darauf, Großmutter zu werden.«

Wie würden Sie die Beziehung zu Ihrem Kind beschreiben? Ihre Antwort zeigt, wo Sie ansetzen müssen, wenn die Beziehung sich weiterentwickeln soll. Wenn Sie wissen, wo Sie stehen, können Sie auch klarer erkennen, wohin Sie gehen sollten.

Zwischenmenschliche Beziehungen sind etwas Dynamisches. Sie verändern sich ständig. Die Beziehung zu Ihrem erwachsenen Kind wird entweder enger oder Sie entfernen sich weiter voneinander. Sie schenkt mehr Befriedigung oder wird schwieriger, sie wird besser oder schlechter. Das heißt, dass Sie ständig daran arbeiten müssen, damit die Beziehung entweder so bleibt, wie sie ist, oder damit sich etwas ändert.

Viele Eltern versäumen es jedoch, die Beziehung mit den Kindern reifen zu lassen, und behandeln die jungen Leute weiter so wie früher, als sie noch klein waren. Das kann zu ernsthaften Konflikten führen und unreifes Verhalten begünstigen, auch wenn das in der Regel das Letzte ist, was die Eltern sich wünschen.

In diesem Kapitel wollen wir überlegen, wie die Beziehung zu unseren Kindern wachsen und vielleicht sogar zur Freundschaft werden kann. Dazu müssen wir jedoch einschränkend sagen: Eltern können keine gute Beziehung zu einem Kind *erzwingen*. Sie können allerdings dazu beitragen, ein Klima zu schaffen, in dem sich Beziehungen positiv entwickeln können.

Unser Einfluss

Viele Eltern erkennen nicht, was sie selbst zu einem positiven Klima beitragen könnten. Stattdessen geben sie dem Kind die Schuld an allen Problemen. »Wenn Christine sich nicht mehr mit diesem schrecklichen Typ treffen würde, dann kämen wir sicher ganz gut zurecht«, sagt ein Vater. Eine solche Bemerkung geht davon aus, dass die Eltern machtlos sind, solange sich das Kind nicht ändert. Wer so argumentiert, der meint dann auch: »Da kann ich nichts mehr machen.« Und so kann der Riss in der Beziehung sich unendlich erweitern.

Weit hilfreicher dagegen ist die Haltung: »Es gefällt mir nicht, wie mein erwachsenes Kind sich im Moment verhält. Ich weiß, dass ich daran im Augenblick nichts ändern kann. Aber ich kann und will versuchen, einen positiven Einfluss auszuüben.«

Wie Sie sich verhalten, was Sie denken, was Sie sagen, das hat immer einen Einfluss auf Ihr Kind. Wenn Ihr Sohn ins Zimmer tritt und Sie die Zeitung sinken lassen, ihn ansehen und sagen: »Hallo, Jürgen, du siehst heute aber gut aus. Gibt's was Neues?«, dann haben Sie eine Atmosphäre geschaffen, die Kommunikation ermöglicht. Wenn Sie stattdessen nur kurz in seine Richtung blicken und murmeln: »Junge, du solltest dir auch mal wieder die Haare schneiden lassen«, dann haben Sie ein Hindernis aufgebaut. Ihr Sohn brummt dann vielleicht beim Hinausgehen: »'Tschuldigung, dass ich überhaupt reingekommen bin.«

Als Eltern müssen wir die Verantwortung für unser eigenes Verhalten übernehmen und aufhören, die Schuld am getrübten Verhältnis unseren Kindern in die Schuhe zu schieben. Wir sind die Älteren und wir sollten auch die Reiferen sein. Unsere Kinder stehen noch am Anfang des Lebens und haben noch viel zu lernen. Wir aber können viel dazu beitragen, ihnen ein positives Umfeld zu schaffen.

Selbstsicher und zuversichtlich

Wir alle möchten gern voller Vertrauen und Zuversicht sein. Ganz wird uns das wohl nie gelingen. Aber je näher wir diesem Ziel kommen, desto besser können sich auch unsere Kinder entwickeln. Dazu muss, wie wir bereits gesehen haben, unsere Elternrolle mit den Kindern wachsen. Leider versäumen es viele Eltern, sich den veränderten Verhältnissen anzupassen, wenn die Kinder erwachsen sind, und es kommt zu keiner Beziehung unter Gleichen. Wo sich jedoch beide, Eltern und Kinder, wie Erwachsene verhalten, da können auch beide einen neuen Sinn und neue Freude am Leben finden.

Solche Eltern sind selbstsicher, was ihre Rolle betrifft, und zuversichtlich, was die Zukunft ihrer Kinder angeht. Selbstsichere und zuversichtliche Eltern tun alles, um die Entwicklung ihrer Kinder zu fördern. Sie nehmen die Gefühle und Gedanken ihrer Kinder ernst und lassen sie das auch spüren. Sie möchten ihre Kinder verstehen. Sie wollen wissen, wie viel Anleitung und wie viel Freiheit ihre Kinder brauchen. Und dann merken sie auf einmal, dass die erwachsenen Kinder ihnen auch zu Freunden geworden sind.

»Mama gehört zu meinen besten Freunden«, sagt die zwanzigjährige Lisa. Sie ist gern mit ihrer Mutter Helen zusammen. »Wir reden über alles und unternehmen vieles gemeinsam.« Helen erklärt: »Wir gehen einkaufen . . . Wir gehen zusammen ins Kino und diskutieren hinterher über den Film. Letzten Monat waren wir auf einer Konferenz über ›Frauenthemen‹. Wir haben es sehr genossen. Ich weiß gern, was Lisa über ein Thema denkt. Sie ist meine Verbindung zur jüngeren Generation.«

Der Interviewer staunte. »Lisa, viele Töchter haben keine solche Beziehung zu ihrer Mutter. Was meinst du, woran liegt es, dass ihr euch so gut versteht?«

»Ich denke, es liegt daran, dass meine Mutter mich erwachsen sein lässt. Sie behandelt mich nicht mehr wie ein Kind. Sie versucht mir nicht zu sagen, was ich tun soll. Gerade deshalb nehme ich sie ernst. Ja, ich frage sie eigentlich noch häufig um Rat. Ich glaube, das würde ich nicht machen, wenn sie alles für mich bestimmen wollte.«

Helen erlebt etwas, was nur wenige Mütter je erfahren. Zuversichtliche Eltern können irgendwann zu Freunden ihrer erwachsenen Kinder werden. Sie können sich vornehmen, darauf hinzuarbeiten, dass ihre Kinder mit zunehmendem Alter immer selbständiger werden. Sie lassen die Kinder wo immer möglich selbst entscheiden, helfen ihnen aber, die beste Entscheidung zu treffen, und bringen ihnen damit bei, für ihr eigenes Verhalten Verantwortung zu übernehmen. Das kann bedeuten, dass sie die kleineren Kinder nicht durch übergroße Vorsicht ersticken, sondern sie auch einmal ein Risiko eingehen und ihren Wünschen folgen lassen, solange sie sich in einem bestimmten Rahmen bewegen. Sonst bewirken sie nur, dass die Kinder überängstlich werden oder den Eltern ihre übertriebene Vorsicht nachtragen.

Zuversichtliche Eltern sind liebevoll und machen ihren Kindern Mut, eigene Wege zu gehen. Ziel ist, dass die Kinder sich zu selbstbewussten, selbständigen, besonnenen Erwachsenen entwickeln.

Guten Eltern sagt man im Allgemeinen nach, dass sie ein ausgewogenes Verhältnis von Liebe und Strenge praktiziert haben. Bei zuversichtlichen Eltern geht es aber um weit mehr. Ist Ihnen schon aufgefallen, dass heute auch immer mehr Kinder aus gutem Hause Probleme haben? Sie haben zwar Liebe bekommen und sind auch mit der nötigen Strenge angefasst worden. Aber da ist noch ein Problem – und zwar der Umgang mit der Wut. Wo er im Rahmen der Familie nicht geübt wird, haben die Kinder später als Erwachsene auch Probleme, ihre Wut auf angemessene Weise zu verarbeiten. Außerdem wird ihr Verhältnis zu Autoritäten gestört. Zuversichtliche Eltern dagegen wissen, wie sie mit ihrer Wut umzugehen haben, und sie strafen aus Liebe und nie im Augenblick des Zorns, weil sie dann unter Umständen Dinge tun oder sagen, die sie später bereuen.

Stufen auf dem Weg zur Reife

Zuversichtliche Eltern lassen es zu, dass die heranwachsenden Kinder und jungen Erwachsenen auch einmal ein Risiko eingehen. Sie wissen darüber hinaus, dass die Kinder auf dem Weg zur Reife verschiedene Stufen durchlaufen. Michael Bloom hat fünf solcher Stufen nachgewiesen.[38] Meine eigenen Beobachtungen aus über dreißig Jahren Beratungstätigkeit mit Eltern und Jugendlichen stimmen mit seinen Feststellungen überein. Die fünf Stufen sind:

1. *Das Kind beginnt sich gegen die elterliche Autorität aufzulehnen.* Im frühen Teenager-Alter, mit etwa zwölf Jahren, schwanken die Kinder zwischen den Wünschen nach Strenge und Freiheit. Diese Stufe endet, wenn die Eltern es lernen, sich auf diese ganz normale Phase einzustellen und ihr Verhalten entsprechend anzupassen.
2. *In der Pubertät kommt es zur normalen Rebellion.* Die Hausordnung wird in Frage gestellt, die Freundschaft mit Gleichaltrigen erhält einen größeren Stellenwert, die Wertvorstellungen der Eltern werden immer mehr hinterfragt.
3. *Das Kind zieht aus* – zur Ausbildung, zum Wehrdienst, es beginnt zu arbeiten. Eine Zeit der Trennung, die manchmal von Kummer und Tränen begleitet ist.
4. *Die Familienmitglieder definieren sich und ihre Rollen neu.* Man sieht sich nicht mehr so häufig. Die Eltern lenken ihre Kräfte in eine andere Richtung. Die Kinder formulieren ihre eigenen Wertvorstellungen.
5. *Es entsteht eine Beziehung zwischen gleichwertigen Erwachsenen.* Der Einzelne wird als eigenständige, wertvolle Person wahrgenommen.

Bis Stufe zwei oder drei verläuft die Entwicklung bei den meisten Kindern problemlos. Viele Eltern ändern ihr Verhalten nur geringfügig, wenn die Pubertät in ihrer Familie Einzug hält, und machen weiter wie gewohnt. Häufig ist ihnen das gar nicht bewusst. Doch weil das Kind bislang keine besonderen Schwierigkeiten machte, sind ihre Fehler bis jetzt auch nicht allzu sehr ins Gewicht gefallen.

Sie haben sich aber über die Jahre hin oft einen schlechten Erziehungsstil angeeignet (siehe unten). Wenn sie dann später ihre Fehler erkennen, machen sie sich Vorwürfe oder meinen, sie hätten versagt. Und wenn die Kinder erwachsen sind, glauben sie, nun sei alles zu spät und eine Aussöhnung mit dem Kind sei nicht mehr möglich. Aber es gibt fast immer Gelegenheit zur Korrektur. Auch beim erwachsenen Kind lässt sich die Entwicklung noch lenken.

Wenn man erst einmal erkannt hat, was gut und was schlecht, was in der Vergangenheit in der Beziehung zum Kind positiv und was negativ gelaufen ist, kann man auch versuchen, es besser zu machen. Das heißt nicht, dass man nun versucht, *das Kind* noch zu ändern. Klarheit schaffen bedeutet vielmehr, *die Beziehung* zu dem erwachsenen Kind zu ändern. Dazu muss man wissen, welchen Erziehungsstil man praktiziert hat. Wir wollen hier nicht allzu negativ sein. Aber wir müssen doch noch kurz auf verschiedene ungünstige Haltungen hinweisen. Fragen Sie sich selbst: »Wo erkenne ich mich wieder?«

Schlechte Erziehungsstile

Elternfalle Nr. 1: *Überbehüten*

Eltern, die immer sagen: »Lass mich das machen«, sind meist fleißige Menschen, die selbst mit wenig auskommen mussten. Doch ihre Arbeit hat ihnen Erfolg beschert, und ihre Kinder sollen es nun besser haben. Sie nehmen den Kindern alles ab, so dass diese nie lernen, sich selbst um ihre Angelegenheiten zu kümmern. Die »Liebe« der Eltern schafft eine Abhängigkeit in vielen Bereichen des Lebens, am deutlichsten wahrscheinlich im finanziellen. Die jungen Leute lernen den Wert des Geldes nicht zu schätzen und sind darum kaum motiviert zu arbeiten.

Die Abhängigkeit kann auch die schulischen Leistungen betreffen, vor allem wenn ein Elternteil sich mehr als nötig um die Erledigung der Hausaufgaben kümmert. Das Kind lernt weniger und erwartet von anderen – von Vater oder Mutter – Hilfe. Besser wäre es, die Eltern würden sagen: »Komm, ich zeige dir, wie es geht«, und die Sache dann dem Kind überlassen. Auch bei ganz alltäglichen Verrichtungen kann das Kind von anderen abhängig werden. Manche jungen Leute verlassen das Elternhaus ohne die leiseste Ahnung, wie sie für sich selbst sorgen können. Wenn sie dann eine ebenso »unfähige« Person heiraten, wird es in der Ehe zu großen Konflikten kommen, weil jeder vom anderen erwartet, dass er die Verantwortung übernimmt.

Wer sein Kind überbehütet, der erstickt es. Natürlich müssen Eltern ihre Kinder beschützen, vor allem wenn sie noch klein sind. Aber wir sollten auch bedenken, dass wir nicht immer für sie da sein können. Wir wollen sie darauf vorbereiten, dass sie eines Tages selbständig sein können, und dafür müssen wir etwas tun. Eine Methode ist, die Kinder spüren zu lassen, dass wir gemeinsam mit ihnen auf dieses Ziel hinarbeiten wollen. Sie sollen wissen, worauf wir sie vorbereiten. Wenn wir in diesem Punkt offen sind, dann werden die heranwachsenden Kinder auch eher Verständnis für notwendige Grenzen aufbringen.

Wieso tappen manche Eltern in diese Falle? Meist gehen sie von ein oder zwei falschen Voraussetzungen aus. Erstens meinen sie, das Kind würde ohne die ständige Mithilfe der Eltern nicht zurechtkommen. Zweitens können sie den Gedanken nicht ertragen, das Kind – selbst das erwachsene – könnte in der richtigen Welt mit Problemen und Schmerzen konfrontiert werden. Interessanterweise ist das oft gerade bei Eltern der Fall, die selbst mit großen Schwierigkeiten zu kämpfen hatten und gestärkt daraus hervorgegangen sind. Statt nun zu erkennen, dass gerade die Probleme sie stark gemacht haben, wünschen sie ihren Kindern ein möglichst problemfreies Leben. Sie vergessen, dass gerade die Anfechtungen es sind, die den Charakter bilden, und dass es Vorbereitung und Übung braucht, um in einer Welt, die alles andere als benutzerfreundlich ist, zu funktionieren und vorwärts zu kommen. Dazu gehört es auch, Schwierigkeiten auszuhalten. Einen anderen Weg gibt es nicht, um Kindern den Umgang mit dem normalen Stress des Alltags beizubringen.

Es ist schwer, von diesem Erziehungsstil zu lassen. Wer das Muster bei sich erkennt, sollte jedoch alles daransetzen, eineÄnderung herbeizuführen, sonst wird das erwachsene Kind ein Leben lang abhängig bleiben. Je älter das Kind ist, desto schwerer wird es natürlich, etwas zu ändern. Die Probleme werden allerdings noch größer, wenn gar nichts geschieht.

Aber das Muster kann durchbrochen werden. Das können die Garners bestätigen. Stefan und Linda erkannten erst als ihre Tochter Monika das College verließ, welche Abhängigkeit sie geschaffen hatten. Bis dahin hatten sie der Tochter alles bezahlt, die Studiengebühren genauso wie den Unterhalt, Benzin, Kleidung und alles, was sie sonst noch wollte. Jeden Monat zahlten sie die Rechnungen, ohne dass Monika sie je zu Gesicht bekommen hätte. Alle zwei oder drei Wochen kam Monika übers Wochenende nach Hause und brachte die schmutzige Wäsche mit, damit sie gewaschen und gebügelt wurde. Natürlich kochte Linda dann auch Monikas Lieblingsessen.

Stefan und Linda waren einfach froh, dass Monika so oft nach Hause kam, und dankbar, dass sie für sie aufkommen konnten. Sie hatten ihre Tochter gern und glaubten, dass diese dasselbe empfand.

Das änderte sich, als Monika nach dem Studium mit einer Freundin zusammenzog. Die Eltern hofften, sie würde nun beginnen, ihr eigenes Leben zu führen, und wunderten sich, als Monika weiterhin die Wäsche brachte. In den ersten beiden Monaten kümmerte sich Linda noch darum. Sie fragte sich aber immer öfter, wann Monika das Waschen endlich selbst übernehmen würde. Erst da ging ihr auf, dass sie ihrer Tochter nie beigebracht hatte, für ihre Kleidung und den Haushalt zu sorgen.

Ein paar Wochen später erhielten die Eltern einen Anruf von Monikas Mitbewohnerin. Monika habe schon seit zwei Monaten ihren Anteil an der Miete nicht bezahlt. Auch habe sie sich von ihr Geld geliehen und es noch nicht zurückgegeben. »Ich weiß, dass Sie ein gutes Verhältnis zu Monika haben«, sagte sie, »und ich dachte, ehe es noch schlimmer wird, könnten Sie vielleicht mal mit ihr reden.«

Stefan und Linda waren schockiert. Sie führten an diesem Abend ein langes Gespräch. Schon bald ging ihnen auf, dass sie Monika gar nicht beigebracht hatten, wie man mit Geld umgeht und Verantwortung übernimmt. Wenn hier nicht schnell etwas unternommen würde, das wurde ihnen klar, würde ihre Tochter in ernsthafte Schwierigkeiten geraten.

Monika selbst versuchte inzwischen, sich an der neuen Arbeitsstelle einzuleben. Sie hatte auch schon gemerkt, dass sie mit dem Geld nicht zurechtkam. Als die Eltern sie darauf ansprachen, reagierte sie trotzdem nicht sehr erfreut. »Ihr seid jetzt wohl enttäuscht und meint, ihr könntet mir nicht mehr vertrauen«, sagte sie unter Tränen. »Dabei dachte ich, ihr freut euch, wenn ich die Wäsche bringe und bei euch esse.«

»Natürlich freuen wir uns, wenn du zum Essen kommst, Kind«, erwiderte ihr Vater. »Wir freuen uns immer, wenn du da bist. Aber wir möchten auch, dass du selbst kochen und waschen lernst. Wir haben dir beides nicht beigebracht. Das war ein Fehler. Und was das Geld angeht, so hat das nichts damit zu tun, dass wir dir nicht vertrauen. Aber uns ist klar geworden, dass wir dir nie beigebracht haben, wie man mit Geld umgeht. An diesem Punkt haben wir ganz offensichtlich versagt.«

Es ging noch eine Weile hin und her, und es flossen auch noch ein paar Tränen. Doch dann kam man überein, dass es in Monikas eigenem Interesse läge, ein paar Änderungen vorzunehmen. Allerdings hatte sie sich schon so lange auf die Eltern verlassen, dass dies einige Zeit brauchte. Am Anfang halfen Stefan und Linda ihrer Tochter noch ein paar Mal finanziell aus der Klemme, erkannten dann aber, dass sie ihr damit keine Hilfe waren. Wenn Monika es zum Beispiel nicht schaffte, die monatlichen Raten für das Auto aufzubringen, dann musste sie es eben wieder zurückgeben. Es fiel den Eltern schwer, das mit anzusehen, aber sie wussten, sie konnten nicht immer rettend einspringen.

Zunächst warf Monika ihnen vor, sie würden sie hängen lassen.

Im Verlauf der nächsten Monate lernte sie dann aber, ihr Geld einzuteilen, zu waschen, zu kochen und weitere Aufgaben zu übernehmen, die bislang die Eltern für sie erledigt hatten. Schließlich konnte sie auch wieder ein Auto kaufen und lernte sogar, es regelmäßig in die Werkstatt zu bringen.

Mit sechsundzwanzig heiratete Monika einen jungen Mann, den sie an ihrer Arbeitsstelle kennen gelernt hatte. Er beteuerte Stefan und Linda, wie glücklich er sei, eine Frau gefunden zu haben, die wisse, wo man das Öl wechseln lasse, und gratulierte ihnen zu ihrer Tochter. Die beiden lächelten sich an und dankten dem neuen Schwiegersohn für das Kompliment. Und am Abend zu Hause beglückwünschten sie einander für die harte Arbeit, die sie in den letzten drei Jahren geleistet hatten, damit Monika selbständig werden konnte.

Elternfalle Nr. 2: *Zu wenig Zuwendung*

Eltern, die ihrem Kind zu wenig Zuwendung schenken, können sehr unterschiedlich sein. Manche scheinen distanziert und unnahbar und wissen nicht, wie sie auf die seelischen Bedürfnisse ihres Kindes eingehen sollen. Viele haben Angst, wenn sie sich mit ihrem Kind auseinander setzen, könnten sie etwas tun, das dem Kind missfällt, und damit seine Liebe verlieren. Andere bringen sich nur wenig ein, weil sie keine Konflikte mögen. Wieder andere sind allzu nachsichtig, oder sie haben zu viel zu tun, um sich für die Kinder Zeit zu nehmen, und sind abends nach der Arbeit viel zu müde.

Eltern, die distanziert wirken, sind in der Regel selbst in Familien aufgewachsen, wo die Eltern zwar für die äußerlichen Dinge sorgten, auf Gefühle aber nicht eingingen. So kommt es, dass sie gar nicht wissen, wie sie eine Beziehung zu ihren Kindern herstellen könnten. Für sie wäre es wichtig zu begreifen, wie wertvoll die Nähe zu ihren Kindern ist. Natürlich wäre es am besten, sie könnten das lernen, solange die Kinder noch klein sind. Aber es ist nie zu spät.

Wenn Eltern merken, dass in der Beziehung zu ihren erwachsenen Kindern etwas fehlt, sollten sie versuchen, ihren Lebensstil zu ändern. Wer die Schwächen dieses Erziehungsstils beheben will, kann nicht so weitermachen wie bisher. Wenn Ihr Problem zum Beispiel darin besteht, dass Sie zu viel arbeiten oder zu sehr damit beschäftigt sind, anderen zu helfen, dann sollten Sie kürzer treten und stattdessen mehr Zeit Ihren Kindern widmen.

Mark war so ein Vater. Als ihm das aufging, meldete er sich zu einem Kurs über den Umgang mit Teenagern an, um zu lernen, wie er besser auf seine beiden Söhne im Alter von dreizehn und achtzehn Jahren eingehen konnte. Bis jetzt war er mit seinem beruflichen Fortkommen beschäftigt gewesen und hatte darum vieles im Leben der Jungen gar nicht mitbekommen. Erst als ihm auffiel, dass sie mit ihren Fragen nicht zu ihm kamen, sondern zur Mutter gingen, dämmerte ihm, dass er ja auch die Beziehung zu seinen Söhnen nur wenig gepflegt hatte.

Mark sprach zunächst mit seiner Frau über seine Einsicht und dann mit den Söhnen. Er habe das Gefühl, er habe sie enttäuscht. »Soweit es in meiner Macht steht, möchte ich das ändern«, sagte er. »Ich habe euch sehr gern und möchte nur das Beste für euch. Im Grunde habe ich bei meiner Arbeit immer nur an euch gedacht. Aber das ist keine Entschuldigung dafür, dass ich nicht mehr Zeit für euch hatte.«

Jim, der Jüngere, reagierte positiv auf das Bekenntnis seines Vaters und meinte, er würde gern mehr Zeit mit seinem Vater verbringen. Brent, der gerade mit dem Studium angefangen hatte, war etwas zurückhaltender.

»Ja, ich glaube, ich verstehe dich. Aber du weißt ja auch, dass ich nicht mehr lange hier bin«, sagte er. »Ich würde schon gern mehr Zeit mit dir verbringen. Aber ich weiß nicht, wie.«

Mark war zunächst etwas gekränkt, verstand aber Brents Reaktion und nahm sich vor, sich trotzdem mehr Zeit für seinen ältesten Sohn zu nehmen. Er besuchte alle Fußballspiele der Universität, und wenn Brent am Wochenende nach Hause kam, sorgte er dafür, dass er auch da war. In den paar Jahren seit Marks Erkenntnis ist die Beziehung zwischen Vater und Söhnen tatsächlich enger geworden. Mark wünscht heute nur, ihm wären schon früher die Augen dafür aufgegangen, wie wichtig es ist, den eigenen Kindern Zeit und Aufmerksamkeit zu schenken.

Allzu nachsichtige Eltern mischen sich oft deshalb nicht ein, weil sie den Kindern ihre Freiheit lassen wollen – selbst in Situationen, wo Anleitung, Schutz oder Kontrolle nötig wären. Für sie wäre es gut, zu überlegen, welche Freiheiten und welche Pflichten für die jeweilige Altersstufe angemessen sind. Denn unsere Welt ist viel zu gefährlich, um die Kinder sich selbst zu überlassen.

Dass es Kindern an Zuwendung mangelt, muss nicht immer so offensichtlich sein. Dabei brauchen die jungen Leute von heute Orientierung nötiger als jede andere Generation vor ihnen. Es wird immer schwieriger, eine lohnende Stelle zu finden oder eine Familie zu gründen. Gerade ältere Kinder brauchen Hilfe – bei der Auswahl der Schulfächer, der Vorbereitung auf das Studium, der Berufswahl und der Frage, wie sie ihre Freizeit gestalten sollen.

Die meisten Eltern, die ihren Kindern zu wenig Zuwendung zukommen lassen, tun dies aus Unsicherheit oder Angst, sie könnten mit ihren Ansichten den Unmut ihrer Kinder erregen oder ihre Liebe verlieren. Sie haben entweder selbst mit einem schwachen Selbstbewusstsein zu kämpfen oder sie wissen nicht, wie wichtig Disziplin und Strafe sind. Auch Strafe ist ein wichtiges Mittel, um Ihren Kindern Ihre Liebe zu zeigen. Sie muss aber in Liebe und gegenseitigem Respekt geübt werden. In vielen Situationen, in denen eine Bestrafung nötig wäre, sind Sie vielleicht unsicher oder reagieren gereizt. Doch denken Sie daran, wenn Sie liebevoll, aber bestimmt bleiben, werden Sie schon das Richtige tun.

Manche Eltern wollen einfach Konflikte vermeiden. Sobald ein Kind das merkt, wird es jedoch versuchen, die Situation auszunutzen. Unsere Kinder – vor allem die erwachsenen – kennen uns meist besser als wir selbst. Wir sollten uns aber immer wieder vor Augen halten, dass es darum geht, ihnen positive Richtlinien und Fähigkeiten beizubringen, die sie vielleicht nie kennen lernen, wenn sie nicht von uns die nötige Orientierung erhalten.

Elternfalle Nr. 3: Zu viel Zuwendung

Hier sind die Eltern wirklich »hinter ihren Kindern her«. Sie verwenden viel Energie darauf, dem Nachwuchs beim Lernen und Reifen zu helfen. Seit den ersten Jahren bemühen sie sich, dem Kind Anreize zu geben, damit es seine intellektuellen Fähigkeiten entwickeln kann. Sie überschütten es mit Zärtlichkeiten und lobenden Worten. Sie besuchen alle Fußballspiele, Konzerte oder Tanzvorführungen, bei denen es mitmacht.

Daran ist natürlich im Prinzip nichts auszusetzen. Doch solche Eltern versuchen ihre Rolle meist auch dann noch beizubehalten, wenn das Kind erwachsen ist. Sie vergessen gewissermaßen, den Gang zu wechseln, und der junge Erwachsene, der nach Unabhängigkeit trachtet, hat das Gefühl, keine Luft mehr zu bekommen. Deshalb zieht er sich von den Eltern zurück. Er verbringt weniger Zeit mit ihnen und fragt sie immer seltener um Rat. Das wiederum tut den Eltern weh, und sie meinen, das Kind sei undankbar.

Die Lösung? Eltern mit einem so aufdringlichen, zupackenden Erziehungsstil müssen es lernen, sich zurückzuziehen, mehr zu beten und weniger zu fragen, und ihren Kindern die Freiheit lassen, selbst zu entscheiden. Der Freiraum muss schrittweise ausgeweitet werden, je älter die Kinder werden.

Zu viel Zuwendung kann sich auch daran zeigen, dass man seine Autorität herauskehrt, das Kind herumkommandiert, in gewissem Sinne Gott spielt. Man erteilt Befehle, als sei man beim Militär. Doch was dort richtig ist, ist nicht unbedingt die beste Methode, um »einen Knaben an seinen Weg zu gewöhnen«.[39] Vielleicht funktioniert es, solange das Kind klein ist. Trotzdem ist es letztlich kontraproduktiv. Das Kind lernt nicht, auf normale Art mit anderen zu kommunizieren. Es bekommt keine Möglichkeit, soziales Verhalten einzuüben. Es lernt nicht, eine Unterhaltung zu führen, eine Fähigkeit, die in der heutigen Welt immer wichtiger wird. Es lernt auch nicht, eigene Entscheidungen zu treffen und für sich selbst zu denken. Ein Kind, dem ständig gesagt wird, was es tun und denken soll, lernt nicht, selbst mit dem Leben zurechtzukommen.

Zu viel Zuwendung lässt dem Kind keine andere Wahl, als trotzig und wütend zu werden. Da für Diskussionen kein Raum ist und ihm auch nicht beigebracht wurde, der Wut mit Worten Ausdruck zu geben, wird sein Unmut sich meist in der Auflehnung gegen Autoritäten äußern. Seine Aggressionen können sich gegen die Eltern, gegen Lehrer, Vorgesetzte oder Behörden richten. Viele gläubige Eltern praktizieren diesen Erziehungsstil, zum Teil weil man ihnen gesagt hat, das sei Gottes Wille. Er wird aber auf sie zurückfallen, wenn die Kinder erwachsen werden.

Daneben lernt das Kind auch nicht, sich für sein Verhalten verantwortlich zu fühlen. Doch es gilt: Es können nicht zwei Menschen zur selben Zeit für dieselbe Sache Verantwortung übernehmen. Ein Kind sollte von klein auf die Möglichkeit bekommen, schrittweise in die Verantwortung für sein Tun hineinzuwachsen, sonst lernt es nie, dass sein Verhalten Folgen hat. Wie das dann aussieht, können wir alle in unserer Umgebung beobachten:

Vor ein paar Jahren ging eine Meldung durch die Zeitungen, die von einem Präzedenzurteil berichtete: Eine Frau hatte einen Kaffee von McDonald's verschüttet und sich dabei die Beine verbrannt. Dass sie sich den heißen Becher auf den Schoß stellte, während sie vom Drive-In-Schalter wegfuhr, zeugt sicher nicht von allzu großer Umsicht. Er kippte um, und sie verklagte die Fastfood-Kette, weil sie den Kaffee zu heiß ausgegeben habe. Interessanterweise gab das Gericht ihr Recht. Es erklärte sie zum Opfer und fällte ein Urteil gegen McDonald's.

Wer nicht die Verantwortung für die eigenen Handlungen übernimmt, bleibt immer nur Opfer. Ständig ist jemand anders schuld.

Die negativen Auswirkungen von zu viel Zuwendung müssen sich jedoch nicht fortsetzen. Die Eltern von Guido und Theresa hatten sich immer in das Leben ihrer Kinder eingemischt. Als die beiden heirateten, versuchten sie, sich allmählich vom Einfluss ihrer Eltern zu befreien. Als ihre eigenen Kinder heranwuchsen, bereiteten sie sie nach und nach auf die Unabhängigkeit vor. Sie standen ihnen gern mit Rat und Tat zur Seite, brachten ihnen aber bei, selbst Entscheidungen zu fällen. Als die Kinder auf dem Gymnasium waren, weiteten sie den Freiraum immer mehr aus. In der Woche bevor Christian seinen Führerschein bekam, setzten sie sich zum Beispiel mit ihm hin und überlegten gemeinsam, was passieren sollte, wenn er einen Strafzettel bekommen würde. Sie waren überrascht, wie vernünftig seine Vorschläge waren. Dadurch, dass sie ihn über die Konsequenzen mit entscheiden ließen, halfen sie ihm zu lernen, wie man Entscheidungen fällt.

Als Christian sechs Wochen später zum ersten Mal einen Strafzettel bekam, konnten sie ganz ruhig bleiben, denn sie alle wussten ja, was das bedeutete. Kinder mit entscheiden und sie dann die Konsequenzen ihrer Entscheidungen tragen oder die Vorteile genießen zu lassen, ist eine gute Methode, sie zu verantwortlichem Handeln zu erziehen.

Eltern, die sich darum bemühen, ihren Kindern Freiraum für eigene Entscheidungen zu gewähren, stehen nicht so sehr in Gefahr, sich in das Leben der jungen Erwachsenen einzumischen. Sie sind zwar für die Kinder da, aber sie dominieren nicht. Gut ist es auch, wenn sie sich vornehmen, den verheirateten Kindern keine ungebetenen Ratschläge zu erteilen. Wenn sie mit den Kindern noch vor der Hochzeit darüber reden, schaffen sie sich in gewissem Sinne selbst ein Kontrollorgan, das sie wenn nötig an ihren Vorsatz erinnern kann.

Sie können es schaffen

Vollkommene Eltern gibt es nicht. Kinder großziehen ist die schwierigste Aufgabe der Welt, und kaum jemand ist richtig darauf vorbereitet worden. Und selbst wenn wir die beste Ausbildung hätten, gäbe es doch immer wieder Situationen, die wir nicht voraussehen können oder die trotzdem schwierig sind. Jede Familie und jedes Kind ist anders. Doch wenn wir zugeben, dass wir Fehler machen, und wenn wir begreifen, wo und wann wir etwas falsch eingeschätzt haben, dann können wir anfangen, etwas dagegen zu tun.

Die meisten Eltern machen jedoch auch vieles richtig. Es kann helfen, einmal aufzuschreiben, was alles gelungen ist. Notieren Sie auch die kleinsten Dinge, damit Sie kein falsches Bild von Ihrem Erziehungserfolg gewinnen. Sie sollten die gesamte Beziehung zu Ihrem Kind im Blick haben, nicht nur das, was falsch gelaufen ist. Betonen Sie die positiven Aspekte und das, was Sie richtig gemacht haben.

Weil Liebe nie ein Ende hat

Wir haben hervorgehoben, dass »zuversichtliche Eltern liebevoll sind und ihren Kindern Mut machen«. Erwachsene Kinder sind durchaus offen für Rat und Hilfe von den Menschen, die sie lieben. Deshalb sind sie oft so empfänglich für den Einfluss Gleichaltriger und den Eltern gegenüber so verschlossen. Die Freunde schenken ihnen Anerkennung und Bestätigung, während die Eltern sie häufig verurteilen. Eltern, die im Leben ihrer Kinder eine Rolle spielen wollen, müssen darum dem Bedürfnis der Kinder nach Liebe nachkommen.

Unsere Kinder spüren, dass wir sie gern haben, wenn wir ihnen auf vielerlei Weise versichern: »Ich liebe dich, egal was passiert.«

Vielleicht können wir ihr Verhalten nicht immer gutheißen. Aber das bedeutet nicht, dass wir ihnen unsere Liebe entziehen. Denn das hieße ja, dass wir sie nur lieben, wenn sie so handeln, wie wir uns das wünschen. Und das wäre keine echte Liebe. Stattdessen dürfen wir unserem Kind sagen: »Was du da tust, gefällt mir zwar nicht, aber das kann mich nicht davon abhalten, dich trotzdem gern zu haben.« Das ist echte, bedingungslose Elternliebe.

Sprechen Sie die Sprache der Liebe

Auch erwachsene Kinder brauchen also unsere Liebe. Aber nicht jedes versteht dieselbe Sprache. Was dem einen Menschen das Gefühl gibt, geliebt zu werden, muss beim anderen nicht dieselbe Wirkung haben. Es kann darum sein, dass Ihre Liebesbezeugungen bei Ihrem Kind gar nicht so ankommen, wie Sie es sich vorgestellt haben. Wir glauben, dass es fünf Grundsprachen der Liebe gibt und dass jeder Mensch eine davon besser versteht als die anderen vier. Es ist Aufgabe der Eltern, herauszufinden, welche Sprache ihr Kind am besten beherrscht, und ihm dann auf diese Weise ihre Liebe zu zeigen.

Hier ein kurzer Überblick über die fünf Sprachen der Liebe[40]:
1. *Lob und Anerkennung.* Sie bauen Ihr Kind auf, indem Sie ihm liebevolle und anerkennende Worte sagen. »Du siehst heute aber gut aus ... Danke, dass du den Hund gefüttert hast ... Danke, dass du für mich den Briefkasten geleert hast, als ich fort war ... Dein Auto ist toll ... Deine Wohnung gefällt mir.« Für das Kind, das am besten die Sprache von Lob und Anerkennung versteht, kommt in solchen Bemerkungen viel Liebe zum Ausdruck. »Dein Chef muss echt beeindruckt gewesen sein. Der Bericht sieht ja super aus ... Ich bin stolz auf dich ... Du bist deinen Kindern wirklich ein guter Vater/eine gute Mutter.« Das sind anerkennende Worte, wie sie der junge Erwachsene braucht.

2. *Schenken.* Geschenke sind eine Sprache, die überall verstanden wird. Ein Geschenk sagt: »Er hat an mich gedacht. Sieh nur, was er mir mitgebracht hat.« Phil erinnerte sich daran, dass sein jetzt einundzwanzigjähriger Sohn Darian Colaflaschen gesammelt hatte, als er in der Unterstufe war. Die Flaschen standen noch immer in seiner Wohnung. Von einer Geschäftsreise nach Ägypten brachte er Darian deshalb eine Colaflasche mit. Als er sie überreichte, zog ein Lächeln über das Gesicht seines Sohnes, wie er es schon seit Jahren nicht mehr gesehen hatte. Der Grund: Für Darian sagte das Geschenk: »Vater denkt an mich. Er weiß, was mich interessiert.« Ein Geschenk muss nicht teuer sein. Manchmal reicht ein kleiner Stein, den man bei einer Bergwanderung aufliest – oder eine Colaflasche für eine Mark fünfzig. Aber es ist ein sichtbarer Beweis dafür, dass ein anderer an uns denkt.

3. *Helfen und dienen.* Hier geht es darum, Dinge zu tun, die das Kind gern hat. Das Lieblingsessen kochen, den Lieblingsnachtisch zubereiten, irgendein Gerät reparieren, den Hund oder die Kinder betreuen, wenn Sohn und Schwiegertochter einmal Ferien machen wollen, den Rasen mähen, wenn es dem Sohn nicht gut geht, bei der Steuererklärung helfen – all das sind mehr als nur freundliche Gesten. Sie sind auch Zeichen der Liebe, weil sie davon reden, dass der andere einem nicht gleichgültig ist. Und wenn dies die Sprache ist, die Ihr Kind am besten versteht, dann fühlt es sich dadurch wirklich geliebt.

4. *Zuwendung.* Wenn Sie Zeit allein mit Ihrem Kind verbringen, schenken Sie ihm Ihre ganze Aufmerksamkeit. Sie geben dabei ein Stück von sich selbst, von Ihrem Leben. Sie wenden sich ihm ganz zu. Das kann bedeuten, dass Sie einen gemeinsamen Spaziergang machen, zusammen einkaufen oder ins Kino gehen. Wichtig ist nicht, *was,* sondern *dass* Sie etwas tun. Dabei ergibt sich meist ein Gespräch. Unterhaltungen leben auch

vom Blickkontakt. Schon allein die einfache Geste, das Buch oder die Zeitung sinken zu lassen oder den Fernseher auszuschalten, wenn Ihr erwachsenes Kind mit Ihnen reden will, spricht Bände und ist ein deutlicher Liebesbeweis.
5. *Körperkontakt und Zärtlichkeit.* Dazu gehört zum Beispiel, dass wir das Kind in die Arme nehmen, wenn es zu Besuch kommt, ihm kurz auf die Schulter klopfen, wenn es den Raum betritt, beim Fernsehen oder im Kino so dicht neben ihm sitzen, dass wir seine Schulter berühren, ihm kurz den Arm um die Schulter legen, wenn wir ihm etwas zu trinken bringen. All das sind Möglichkeiten, durch Körperkontakt unsere Liebe zu zeigen.

Beobachten Sie Ihr Kind genau, und Sie werden bald herausfinden, auf welche Ausdrucksformen der Liebe es besonders anspricht.

Bitten und Vorschläge

Wenn Ihnen daran liegt, dass Ihr Kind sich von Ihnen geliebt fühlt, dann werden Sie ihm gegenüber Ihre Wünsche *eher als Bitten denn als Forderungen äußern.* Niemand lässt sich gern herumkommandieren, und Forderungen sind eine Art, den anderen zu kontrollieren. Sie mögen auch Ergebnisse zeitigen, sind aber meist von Widerwillen begleitet. »Tim, könntest du wohl bitte den Fernseher etwas leiser stellen, solange ich telefoniere?«, ist eine Bitte. »Tim, stell den Apparat leiser, wenn ich am Telefon bin«, ist dagegen ein Befehl. Beide Male wird das Kind auf Sie hören – oder auch nicht. Eine Bitte allerdings wird das Verhältnis nicht beeinträchtigen, während eine Forderung einen bitteren Nachgeschmack hinterlässt.

Forderungen oder Befehle sollten darum immer nur ein letzter Ausweg sein, wenn das Gewünschte anders nicht zu erreichen ist. Wir meinen damit nicht, dass Sie von Ihrem erwachsenen Kind nie etwas fordern sollten, vor allem, wenn es noch bei Ihnen zu

Hause lebt. Aber ein Befehl sollte erst an letzter Stelle kommen, nicht an erster.

Eine Bitte sollte allerdings immer so konkret sein wie möglich. Allgemeine Anfragen sind zweideutig und führen selten zum gewünschten Ergebnis. »Würdest du mir helfen, das Haus zu putzen?«, ist für eine Neunzehnjährige viel zu unverbindlich. Besser wäre die Frage: »Könntest du heute Morgen bitte noch im Erdgeschoss den Teppich saugen, ehe du gehst?« Das ist klar, machbar und gibt auch einen zeitlichen Rahmen vor.

Wir empfehlen auch, eher *Vorschläge zu machen als Erklärungen abzugeben.* »Wenn du die Bewerbung heute nicht abschickst, kriegst du die Stelle bestimmt nicht«, ist eine Erklärung. Sie deutet an, dass wir alles wissen. »Weißt du, was ich dir vorschlagen würde? Dass du versuchst, die Bewerbung heute abzuschicken. Ich könnte mir vorstellen, dass du eher zu einem Gespräch eingeladen wirst und viel bessere Aussichten hast, die Stelle zu bekommen, wenn sie deine Sachen möglichst früh haben«, ist ein Vorschlag, auf den der junge Erwachsene im Allgemeinen weit positiver reagiert.

Wenn wir autoritäre Erklärungen abgeben, dann denken unsere Kinder nur: »Aha, es geht schon wieder los« und werden kaum reagieren. Wenn wir Vorschläge machen, dann zeigen wir hingegen, dass wir auch nur Menschen sind und nicht alles wissen. Wir sagen einfach, was wir für das Beste halten. Das kommt meist besser an und bringt auch das Kind zum Nachdenken.

Zuversichtlich Eltern sein?

Manche Eltern wissen nicht mehr, wie man in einer chaotischen Welt zuversichtlich sein kann. Die Anforderungen an die Kindererziehung haben sich geändert, genauso wie alles andere auch. Unsere Kinder sind erwachsen, und auch wir müssen nun die nächste Lektion lernen.

Inzwischen haben wir aber erkannt, welche Fehler wir in der Vergangenheit gemacht haben und dass wir alles andere als vollkommen sind. Und doch, auch wir können noch dazulernen und uns ändern. Und wir können unseren Kindern helfen, ebenfalls zu wachsen und zu reifen.

Anregungen, Trost und Vertrauen für unsere Elternrolle können wir in der Bibel finden. Wir möchten Ihnen Mut machen, einmal die vielen Verheißungen zu lesen, die sie uns im Blick auf Kinder macht. Zwei fallen uns ganz spontan ein: »Kinder sind ein Geschenk des Herrn; wer sie bekommt, wird damit reichlich belohnt« und: »Die Güte des Herrn aber bleibt für immer und ewig; sie gilt allen, die ihm gehorchen. Auf seine Zusagen können sich auch alle kommenden Generationen berufen«.[41]

Solche Worte können Eltern, die ihre Kinder auch im Gebet begleiten wollen, eine Hilfe sein.

10. Ein Erbe, das bleibt

Die meisten Eltern hinterlassen ihren Kindern bei ihrem Tod ein Erbe, sei es in Form von Geld, Kleidern, Möbeln oder Autos. Manchmal handelt es sich um ein kleines, dafür umso bedeutungsvolleres Geschenk. John, ein vierundfünfzig Jahre alter Maurer, musste ein Jahr nach dem Tod seiner Mutter auch den achtundsiebzigjährigen Vater zu Grabe tragen. Er hatte die letzten Jahre in einem Pflegeheim verbracht. Das hatte alle seine Ersparnisse verzehrt, und er hatte am Ende von Sozialhilfe gelebt.

»Ehe er starb«, erinnert sich John, »hat er gesagt, ich solle seinen Ehering bekommen. Nach seinem Tod übergab man mir im Pflegeheim eine Tasche mit Vaters Kleidern. Ganz zuunterst lag ein kleiner Plastikbeutel mit seinem Ehering. Jetzt liegt dieser Ring auf meiner Kommode. Ich sehe ihn jeden Tag, und er erinnert mich daran, dass meine Eltern einander mehr als fünfzig Jahre treu blieben. Ich denke an alles, was Vater für mich getan hat, und ich bete darum, dass ich ein so guter Ehemann und Vater sein kann, wie er es war.« Johns Worte sprechen von einem Erbe, das viel wertvoller ist als materieller Besitz. Der Ring ist dafür nur ein Symbol.

Matthias hat etwas völlig anderes erlebt. Er war ein Einzelkind. Sein Vater war seit langem verwitwet, und so erhielt Matthias alles, was sein Vater im Lauf der Jahre angesammelt hatte – über zwei Millionen Mark in bar und in Aktien; zwei Häuser voll kostbarer Möbel; Autos, Boote und mehrere Mietshäuser. Matthias' Kommentar? »Ich habe meinem Vater nie sehr nahe gestanden und habe keine Ahnung, was ich mit dem ganzen Zeug anfangen soll. Ich war dreizehn, als er meine Mutter verließ, und danach habe ich ihn fünf Jahre lang gar nicht gesehen. Als ich zur Uni ging, erklärte er sich bereit, die Kosten zu übernehmen. Seitdem haben wir uns immer wieder einmal getroffen, aber die Beziehung war nie besonders eng. Er ließ sich mit einer Frau nach der anderen ein, und ich hatte immer das Gefühl, dass er für mich gar keine Zeit hatte. Meine Kinder kennen ihn nur als den Großvater, der die teuren Weihnachtsgeschenke machte.

Wenn ich ihn besser gekannt hätte, dann würde ich vielleicht auch all das Zeug mehr schätzen, das er mir jetzt hinterlassen hat. Natürlich kann ich das Geld gebrauchen. Aber die Erbschaft hat für mich keine persönliche Bedeutung.«

Mehr als Geld

Ein Erbe, das von einer Generation an die nächste weitergegeben wird, etwas, wodurch sich unsere Nachkommen an uns erinnern, ist ein Vermächtnis. Im rechtlichen Sinne ist ein Vermächtnis die Zuwendung persönlichen Eigentums aufgrund eines Testaments, »ein letzter Wille oder Auftrag (des Verstorbenen) an die Zurückgebliebenen«, wie es in Wahrigs deutschem Wörterbuch heißt. Seine Wirkung geht jedoch in den meisten Fällen über das Materielle hinaus. Unser Vermächtnis hat auch einen Einfluss auf das Leben unserer Nachgeborenen. Wie wir an den Geschichten von John und Matthias gesehen haben, sind die wichtigsten Hinterlassenschaften nicht unbedingt materieller Art. Sie sind vielmehr seelischer, geistlicher und moralischer Natur und haben viel mit dem Wesen des Menschen zu tun, von dem wir sie empfangen.

Das Erbe der Vergangenheit hat Auswirkungen auf die Zukunft. Wir alle kennen Familien in unserer Umgebung, die über Generationen hinweg einen guten Ruf haben – wegen ihrer Freundlichkeit, Ehrlichkeit, ihrer Ehrbarkeit, ihres aufrichtigen Verhaltens. Wir alle wissen um Menschen, denen ihre Eltern oder Großeltern ein solch positives Erbe hinterlassen haben, und wir können beobachten, welche Auswirkungen das auf ihr Selbstbewusstsein und ihre seelische Gesundheit hat. Wir sehen aber auch, mit welchem Handicap Menschen geschlagen sind, die von ihren Eltern im Blick auf Charakter oder Verhalten ein negatives Vermächtnis bekommen haben. Auch wenn wir gern glauben wollen, dass der Mensch das Schlechte überwinden kann, müssen wir zugeben, dass das, was in unseren Familien geschieht, für unser Leben nicht nur zum Segen, sondern auch zum Fluch werden kann.

Ein persönliches Vermächtnis

John und Nancy sind seit fünfunddreißig Jahren verheiratet. Sie haben vier Kinder und drei Enkelkinder. John hat von seiner Familie nicht viel Gutes mitbekommen. Vater und Großvater waren Alkoholiker, und sein Vater zeigte keinerlei Zuneigung zu Frau oder Kindern. John litt unter den Zuständen zu Hause und ging gleich nach der Schule zur Armee.

Dort machte er viele wertvolle Erfahrungen und gewann das Selbstvertrauen, das ihm durch das Verhalten seines Vaters bislang gefehlt hatte. Jetzt merkte er, dass er eigentlich recht gescheit und tüchtig war. Nach dem Militär ging er studieren, und auch an der Uni kam er gut zurecht. Er lernte Nancy kennen, »die schönste Frau, der ich je begegnet bin«, erinnert er sich voller Freude. Nancy war ein ausnehmend feiner Mensch und entstammte einer guten Familie. Die beiden waren eine Zeit lang befreundet, bevor sie heirateten. Von den Erfahrungen in einer gesunden Familie geprägt, wurde Nancy zu einer liebevollen Ehefrau. John liebte sie von Herzen und wusste die Dinge, die seine Frau von zu Hause mitbekommen hatte, sehr zu schätzen. Ihre Eltern hatten ihr vorgelebt, wie eine Familie aussehen soll und kann.

In Nancys Eltern fand John auch die Familie, die er selbst nie gehabt hatte. Ihr Vater nahm ihn mit auf die Jagd; die Mutter kochte seine Lieblingsgerichte. Beide begegneten ihm mit der Liebe und dem Verständnis, das er immer vermisst hatte.

»Als ihr Vater mich das erste Mal in die Arme nahm«, erinnert sich John, »da wusste ich gar nicht, wie ich mich verhalten sollte. Ich war noch nie von einem Mann in die Arme genommen worden. Als ihre Mutter sagte, sie hätte mich gern, da ging ich erst mal nach Hause und heulte. Es war das erste Mal, dass jemand so etwas zu mir gesagt hatte.«

Johns Leben bekam eine ganz neue Richtung, als er Nancy und ihre Familie kennen lernte. Das Vermächtnis von Nancys Eltern reicht heute über ihre eigene Familie hinaus und erstreckt sich bis auf die Enkel.

Aber Johns Geschichte ist damit noch nicht zu Ende. Wegen der Probleme im Elternhaus war auch Johns Verhältnis zu seinen Geschwistern Martha und Bob getrübt. Die drei gingen sich nach Möglichkeit aus dem Weg, weil jede Begegnung nur ungute Erinnerungen an die Kindheit wachrief. Als John dann erlebte, wie wertvoll eine enge und liebevolle Beziehung zur Familie ist, suchte er wieder den Kontakt zu Martha und Bob. Am Anfang war das ziemlich schmerzlich, vor allem für die Geschwister, die beide Probleme in der Ehe hatten. John blieb trotzdem auf Tuchfühlung, und schließlich feierten sie einmal gemeinsam Weihnachten.

»Wir sprachen darüber, wie schrecklich die Weihnachtstage für uns als Kinder immer gewesen waren. Wir redeten und weinten. Es tat weh, aber es tat auch gut. Es war das erste Mal, dass wir überhaupt miteinander über diese Dinge sprachen.«

John freut sich auf die Zeit, wenn sie alle drei einander in Liebe und Freundlichkeit begegnen können. Er ist sicher, dass es dazu kommen wird, und bedauert nur, dass eine Versöhnung mit den Eltern nicht mehr möglich ist. Sie sind beide schon einige Jahre tot.

Johns Geschichte zeigt, welchen Zusammenhalt eine Familie schafft, in der man einander achtet. Er erhielt von Nancys Eltern so viel Bestätigung, dass er auf seine beiden Geschwister zugehen konnte, obwohl sie sich seit Jahren aus dem Weg gegangen waren. In einer Familie, die sich wirklich als Einheit versteht, freuen sich die Mitglieder aneinander und suchen auch dann den Kontakt, wenn sie weiter entfernt voneinander wohnen. Die guten Gefühle, die man füreinander hegt, vermitteln Sicherheit und Verlässlichkeit in einer hektischen Welt. Und diese positiven Gefühle werden vor allem durch das Vermächtnis der älteren Familienmitglieder geprägt, auch jener, die bereits gestorben sind.

Engagement für das Gemeinwesen

Wir sollten nicht vergessen, dass wir auch in ein Gemeinwesen eingebunden sind. Familien, die zusammenhalten und gute Traditionen weitergeben, sind oft auch sozial engagiert und interessieren sich für kirchliche oder kommunale Belange. Wo andererseits eine Familie keinen Bezug zu ihrem sozialen Umfeld hat, da kann das für den Einzelnen verheerende Folgen haben.

Als wir das dreißigste Jubiläum meines (Ross') Abiturs feierten, traf ich einen früheren Klassenkameraden, dessen Vater immer sehr unzuverlässig gewesen war. Er hatte sich überall Geld geborgt, ohne es jemals zurückzuzahlen. Das war für die ganze Familie sehr peinlich gewesen. Beim Klassentreffen fiel mir auf, dass Jack sich gar nicht wohl fühlte. Er blieb die meiste Zeit für sich und ging recht früh. Als ich ihm ein paar Tage später noch einmal begegnete, sagte er, es falle ihm auch heute, nach all den Jahren, noch schwer, mit den alten Schulkameraden normalen Umgang zu pflegen. Der schlechte Ruf seines Vaters setzte ihm immer noch zu.

Wie wir den Charakter unserer Kinder prägen können

Alles, was wir unseren Kindern hinterlassen, hat Auswirkungen auf ihren Charakter. Abgesehen von dem materiellen Erbe betrifft das vor allem drei Bereiche, die wir uns noch etwas näher ansehen wollen – den moralischen, den geistlichen und den seelischen.

Ein moralisches Vermächtnis

Moral hat mit dem zu tun, was wir für falsch oder richtig halten. Das moralische Vermächtnis, das wir unseren Kindern hinterlassen – wie sie unsere Maßstäbe für Gut und Böse verinnerlichen –, ist im Allgemeinen ein Spiegel dafür, wie gut wir selbst diesen Maßstäben gerecht wurden. Wir haben sie vielleicht nie ausdrücklich formuliert, und dennoch tragen wir sie täglich mit uns.

Unsere Kinder erkennen, was für einen Moralkodex wir haben, indem sie uns zuhören. Wenn wir sagen: »Du sollst nicht stehlen«, dann bringen wir zum Ausdruck, dass Stehlen unserer Meinung nach falsch ist. Wenn ein Vater sagt: »Du sollst anderen immer helfen, soweit es dir möglich ist«, dann bringt er zum Ausdruck, dass es richtig ist, anderen zu helfen, wenn es in unserer Macht steht. Eltern sagen solche Dinge ständig, und die Kinder hören und speichern sie in ihrem Kopf. Sie sehen auch, wie wir leben und wie weit das, was wir sagen, damit übereinstimmt. Je mehr unser Verhalten unserem Reden über das, was recht und unrecht ist, entspricht, desto mehr Respekt haben die Kinder vor uns und desto bedeutender ist auch unser moralisches Vermächtnis.

Betty würdigte das bei der Beerdigung ihrer Mutter: »Ich weiß, dass meine Mutter nicht vollkommen war, aber sie war so dicht dran wie niemand sonst, den ich kenne. Sie hat uns beigebracht, zwischen Recht und Unrecht zu unterscheiden. Aber wichtiger war, dass sie es uns auch vorgelebt hat. Wenn sie mal etwas falsch gemacht hat, dann hat sie es zugegeben und uns um Verzeihung gebeten.

Sie hat mich nur ein einziges Mal geschlagen. Ich hatte den ganzen Nachmittag gebettelt, dass sie mit mir in den Park geht. Sie putzte gerade den Fußboden und war schon ziemlich müde. Als ich sie zum soundsovielten Mal bat: ›Mama, geh mit mir in den Park‹, gab sie mir eins um die Ohren. Aber dann ließ sie sofort den Schrubber fallen, kniete sich vor mich hin und sagte: ›Ach Schätzchen, es tut mir Leid. Ich hätte dich nicht schlagen sollen. Bitte, verzeih mir.‹ Dann nahm sie mich in die Arme, bis ich zu weinen aufhörte.

Wir gaben uns einen Kuss, und sie sagte: ›Sobald ich mit dem Putzen fertig bin, gehen wir zusammen in den Park.‹ Ich wünsche mir, dass ich meinen beiden Kindern eine genauso gute Mutter sein kann.«

Richard dagegen weinte, als er darüber sprach, was seine Mutter ihm hinterlassen hatte. »Ich mag es gar nicht sagen, aber meine Mutter hat immer nur geredet. Sie hat uns zwar gesagt, was richtig und was falsch ist, aber sie selbst hat sich nicht daran gehalten. Sie hat gebrüllt und uns angeschrien und uns oft geschlagen, wenn wir etwas verkehrt gemacht hatten. Wenn wir sie nur ein kleines bisschen gereizt hatten, mussten wir damit rechnen, dass sie um sich schlug, mit Worten oder mit der Hand. Nachdem meine Schwester und ich von zu Hause ausgezogen waren, kam mein Vater an die Reihe. Schließlich hat sie ihn verlassen und ist zu einem anderen gezogen. Sie hatte uns immer gepredigt, Ehebruch sei schlecht, und wir sollten nie mit jemand anderem zusammenziehen, wenn wir nicht verheiratet wären. Meine Schwester und ich konnten es kaum glauben. Sie tat all das, wovon sie uns gesagt hatte, es sei falsch. Das ging so lange, bis sie Krebs bekam. Sechs Monate später war sie tot. Dad zahlte die Rechnung für das Krankenhaus, und wir gingen sie auch regelmäßig besuchen.

Gegen Ende sagte sie, es tue ihr Leid, was sie getan habe. Wir haben ihr alle vergeben. Ich habe es jedenfalls versucht. Aber der Schmerz ist dadurch nicht verschwunden. Wenn ich an sie denke, habe ich immer noch so ein leeres Gefühl der Enttäuschung. Und ich denke, das werde ich auch nicht mehr los.«

Was Betty und Richard über das Leben ihrer Mütter erzählen, sollte klarmachen, dass vor allem ein Prinzip ganz wichtig ist, wenn wir unseren Kindern ein moralisches Vermächtnis hinterlassen wollen: Lebe selbst nach deinen moralischen Maßstäben. Wenn unsere Kinder an uns ein positives Verhaltensmuster erkennen, werden sie es in den meisten Fällen nachahmen.

Wie alle Vermächtnisse, so wird auch das moralische Erbe bei unserem Tod zum Eigentum unserer Kinder. Und es kann ihnen zur Freude oder zur Last werden. Es macht ihnen Mut oder enttäuscht sie. Aber sie werden es mit sich tragen, ob es nun positiv oder negativ ist. Was sie dann damit anfangen, dafür sind sie natürlich selbst verantwortlich. Kinder, die ein positives moralisches Vermächtnis empfangen, haben einen wertvollen Schatz für die Zukunft. Jene, die ein negatives Erbe übernehmen, tragen hingegen Ballast mit sich herum, mit dem sie nun irgendwie klarkommen müssen.

Ein geistliches Vermächtnis

Auch wenn Sie nicht in die Kirche gehen, haben Sie Glaubensüberzeugungen. Sie sind ein Teil von Ihnen. Sie haben einen Einfluss auf Ihr Verhalten und Ihre Gefühlswelt und sogar darauf, wie Sie mit Ihrem Geld umgehen. Und sie haben Einfluss auf Ihre Kinder.

Vor einigen Jahren nahm ich, Gary, mit zwölf anderen an einer anthropologischen Forschungsreise auf der Karibikinsel Dominica teil. Wir wollten verschiedene Aspekte der dortigen Kultur untersuchen. Meine Aufgabe war es herauszufinden, welche Religionsgemeinschaften es auf der Insel gab.

In einem Dorf sprach ich mit einem zweiundachtzigjährigen Mann, der als einer der Ersten von methodistischen Missionaren bekehrt worden war. Ich wollte auch deshalb mit ihm reden, weil ich gehört hatte, dass er sich mit weißer Magie befasste. Als ich mit Mr. Jim am Strand entlanglief, fragte ich ihn: »Man hat mir gesagt, Sie praktizieren weiße Magie. Stimmt das?«

»Hin und wieder.«

»Sehen Sie irgendeinen Widerspruch zwischen der weißen Magie und Ihrem Glauben?«

»Was ist denn verkehrt daran, ein paar Kerzen anzuzünden und den Menschen zu helfen? Ich mache keine schwarze Magie. All meine Magie ist gut.«

Als ich ihn um ein Beispiel bat, wie er den Menschen helfe, erzählte er die folgende Geschichte: »Eine Mutter kam zu mir und berichtete, ihr Sohn sei auf eine andere Insel gezogen, um dort zu arbeiten und Geld zu verdienen. Aber jetzt war er schon einige Monate fort und hatte noch kein Geld geschickt. Ich bat sie, mir ein Kleidungsstück des Jungen zu bringen. Sie kam mit einem alten Hemd, das er zu Hause gelassen hatte. Ich nahm das Hemd und zündete eine Kerze an und betete darum, dass der Junge an seine Mutter denken würde. Zwei Wochen später bekam sie einen Brief mit einem Scheck. So helfe ich den Leuten.« Er vermischte seinen heidnischen Glauben mit christlichen Elementen, sah darin aber keinen Widerspruch.

Warum diese seltsame Mischung aus Heidentum und christlichem Glauben? Später fand ich heraus, dass schon sein Vater sich mit weißer Magie beschäftigt und das an seinen Sohn weitergegeben hatte. Und trotz seiner Bekehrung zum Christentum stand Mr. Jim noch viele Jahre später unter dem geistlichen Einfluss, den sein Vater ihm hinterlassen hatte.

Eltern müssen damit rechnen, dass ihre Kinder einer Vielzahl von Glaubensüberzeugungen begegnen. Ob sie sich näher darauf einlassen, wird vom geistlichen Erbe ihrer Eltern abhängen. Denn wir alle hinterlassen auch ein geistliches Vermächtnis, ob uns das bewusst ist oder nicht. Welchen Eindruck es bei unseren Kindern hinterlässt, hängt davon ab, wie eng unser Verhalten mit dem, was wir bekennen, zusammenhängt. Je größer die Übereinstimmung, desto mehr Achtung wird das Kind für uns empfinden – wir hinterlassen ihm damit ein positives geistliches Erbe.

Als Ricks Mutter starb, war er dreiundzwanzig. »Eins weiß ich sicher«, sagte er. »Meine Mutter ist im Himmel. Sie war eine fromme Frau. Als ich klein war, hat sie mir jeden Abend eine biblische Geschichte vorgelesen und mir erklärt, was es bedeutet, Christ zu sein. Sie hat mir von Jesus erzählt, von seinem Tod und seiner Auferstehung, von Gottes Liebe und Vergebung. Aber wichtiger war, dass sie ihren Glauben auch gelebt hat. Das konnte ich jeden Tag beobachten. Selbst in ihrer Krankheit hielt sie an ihrem Glauben fest... Ich weiß, dass ich sie im Himmel wieder sehen werde.«

Das geistliche Vermächtnis, das Stefan erhielt, war dagegen alles andere als positiv. Er interessierte sich kaum für geistliche Fragen. Schuld daran war vor allem sein Vater. »Mein Vater hat zwar gesagt, er sei Christ, aber ich habe davon nie etwas sehen können. Ich sah ihn nie in der Bibel lesen und hörte ihn nur selten beten. Er ging auch nicht in die Kirche. Er fluchte häufig, und wenn er einen Wutanfall bekam, dann war er alles andere als christlich. Meine arme Mutter musste bei ihm mehr aushalten, als man einer Frau zumuten sollte. Wenn mein Vater Christ war, dann will ich keiner sein.«

In vielen Familien haben die erwachsenen Kinder andere Wertsysteme als ihre Eltern. Manche Eltern meinen dann, sie hätten irgendwie versagt, und geben die Hoffnung auf. Es ist aber nichts gewonnen, wenn sie den Mut sinken lassen. Eltern sollten wie ein Leuchtturm sein und Hoffnung ausstrahlen, und zwar nicht nur für die Kinder, die nun andere Wertvorstellungen haben, sondern auch für den Rest der Familie. Wer als gläubiger Mensch den Mut verliert, der hat vergessen, dass Gott immer bei uns ist, in guten wie in schlechten Zeiten. Er kann in jeder Lage helfen.

Manche Eltern vergessen, dass sich auch ein erwachsenes Kind noch ändern kann. Doch wer sein Kind liebt, der gibt es nicht auf, selbst wenn es sich weit vom Glauben seiner Kindheit entfernt. Stattdessen betet er weiter. Und vor allem weiß er, dass das eigene Beispiel den stärksten Eindruck hinterlässt. Wenn sie treu an Gott festhalten, sind Eltern darum ein ganz starkes Vorbild. Ihr Verhalten kann noch für die erwachsenen Kinder zum Anlass werden, in den Schoß der Gemeinde zurückzukehren.

Als Christen sollten wir auch nicht vergessen, dass Kinder, die sich vom Glauben abgewandt haben, häufig den Weg zurückfinden, wenn sie selbst Kinder bekommen und auf einmal merken, dass die Kleinen ein Wertsystem brauchen. Jetzt geht ihnen auf, dass der einzige wirklich verlässliche Halt der Glaube an Jesus Christus ist. Und so kehren sie zum christlichen Glauben zurück, der ihnen Gnade und Vergebung verheißt. Auch wenn in der Zwischenzeit manches verloren gegangen ist, wenn sie selbst Eltern werden, merken sie plötzlich, was sie da fast preisgegeben hätten.

Es ist darum wichtig, dass Eltern an ihrem Glauben festhalten, nicht um ihrer selbst willen, sondern auch damit sie ein geistliches Erbe an Kinder und Enkel weitergeben können. Die geistliche Not unserer Kinder ist groß. Wenn wir ihnen ein Vermächtnis hinterlassen können, dann bekommen sie Bedeutung, Sinn und Werte, die auch zukünftigen Generationen helfen können.

Ein Vermächtnis für die Seele

Wie weit gehen wir auf die seelischen Bedürfnisse unserer Kinder ein? Wo wir sie befriedigen, empfangen sie Liebe, ein Gefühl der Ganzheit und Stabilität – ein positives seelisches Erbe. Wo nicht, da werden sie unsicher, haben nur geringe Selbstachtung und empfinden oft Angst – ein negatives Vermächtnis.

Das tiefste seelische Bedürfnis eines Kindes ist der Wunsch, geliebt zu werden. Die meisten Eltern haben ihre Kinder auch von Herzen gern. Das ist aber noch keine Garantie dafür, dass die Kinder dies wahrnehmen. In Kapitel 9 haben wir ausgeführt, dass ein Kind sich geliebt weiß, wenn die Eltern seine ganz spezielle Sprache der Liebe gebrauchen und bedingungslos zu ihm stehen. Wenn der Wunsch nach bedingungsloser Liebe gestillt ist, kommen die Kinder besser in der Schule zurecht; sie gewinnen eine positivere Einstellung zum Leben, brauchen weniger Korrektur bei Fehlverhalten und sind insgesamt stabiler.

Andere wichtige seelische Bedürfnisse sind der Wunsch nach Sicherheit und Geborgenheit, das Verlangen nach Selbstwert oder Bedeutung, der Wunsch, akzeptiert und anerkannt zu werden, das Verlangen, etwas zu schaffen oder zu erreichen. Wo diese Bedürfnisse gestillt werden, da sind unsere Kinder seelisch und emotionell gesund und können auch als Erwachsene mit Stress umgehen.

Werden sie jedoch nicht befriedigt, da können die inneren Konflikte oft über Jahrzehnte andauern. Barbara zum Beispiel kämpfte auch als Erwachsene noch damit. Sie war sich nie sicher gewesen, ob ihre Mutter sie gern gehabt hatte oder nicht.

»Ich bin irgendwann zu dem Schluss gekommen, dass meine Mutter es wohl gut gemeint hat«, sagte sie während einer Beratungsstunde. »Es hat lange gedauert, bis mir das klar wurde, aber es hat mir geholfen. Ich hatte immer das Gefühl, meine Mutter hätte keine Zeit für mich. Ihre harten, verletzenden Worte sind mir jahrelang nachgegangen, und ihr unbeherrschtes Wesen hat tiefe Wunden hinterlassen. Wenn sie mich strafen wollte, dann hat sie mich tagelang nicht angesehen und nicht mit mir gesprochen. Wenn ich sie fragte, ob sie mich gern hat, hat sie erwidert: ›Es ist nicht gut, wenn man ein Kind straft und sich dann umdreht und es mit Liebe überschüttet.‹

Ich habe sie nie sagen hören, dass sie mich gern hat. Berührt hat sie mich nur, wenn ich krank war. Ich habe alles getan, um ihr zu gefallen.

Ich weiß, dass es mit ihrer Trinkerei zusammenhing. Aber damals habe ich das nicht begriffen. Ich hatte einfach das Gefühl, dass sie mich nicht leiden kann. Ich fühlte mich immer minderwertig und meinte, ich würde es nie zu etwas bringen. Egal, was ich anfing, es war nie richtig. Heute weiß ich, dass das nicht stimmte. Aber ich habe eine Menge Hilfe gebraucht, damit die Wunden aus der Kindheit heilen konnten. Ich habe Mutter versucht zu helfen, als sie krank war, und ich hoffe, sie hat gespürt, dass ich sie gern habe. Aber selbst da habe ich mich ihr nie besonders nahe gefühlt. Als sie starb, bekam ich eine heftige Depression, weil ich wusste, dass sich nun nichts mehr ändern konnte. Es geht mir jetzt wieder besser, aber ich bin immer noch sehr enttäuscht, dass ich kein engeres Verhältnis zu meiner Mutter hatte.« Tausende von erwachsenen Kindern können nachvollziehen, was Barbara erlebt hat.

Das materielle Vermächtnis

Es sollte klar sein, dass das materielle Erbe, das wir unseren Kindern hinterlassen, längst nicht so wichtig ist wie das moralische, geistliche oder seelische. Trotzdem, die meisten Eltern sammeln im Laufe ihres Lebens eine Menge »Dinge« an – ein Haus, ein Auto, Möbel, Kleider, Bücher, Schmuck und Geld. Das alles kann zum sichtbaren Ausdruck unserer Liebe werden. Bei unserem Tod wird es in andere Hände übergehen. Und es wird unseren Kinder zeigen, wie sehr sie uns am Herzen gelegen haben – oder auch nicht. Die Art, wie wir ihnen diese Dinge vererben, hat oft mit den immateriellen Dingen zu tun, die wir ihnen außerdem hinterlassen, genauso wie die Reaktion der Kinder auf das Erbe.

Die meisten Eltern wollen ihren Besitz an ihre Kinder oder andere ihnen nahe stehende Menschen weitergeben. Ein altes hebräisches Sprichwort sagt: »Ein guter Mensch hinterlässt ein Erbe für Kinder und Enkelkinder, aber das Vermögen des Gottlosen geht über an den, der Gott dient.«[42] Der Gedanke dahinter ist, dass die Habe eines Menschen, der nur für sich selbst gelebt hat, gegen seinen Willen unter andere aufgeteilt wird – selbst unter solche, die er nicht mag –, während der »Gute«, einer, der auch in seinem Leben an andere denkt, ganz bewusst für künftige Generationen ein Erbe hinterlässt. Die Frage an uns lautet, wie »gute« Eltern ihr Erbe so verteilen können, dass es für ihre Nachkommen zum Segen und nicht zum Fluch wird.

Wir alle haben schon miterlebt, wie junge Menschen ein großes Vermögen erbten, auf das sie nicht vorbereitet waren, und wie sie dabei zugrunde gingen.

Ein solches Erbe kann den Willen zur Leistung und die Bereitschaft, etwas für die Gesellschaft zu tun, dämpfen. Johann Wolfgang von Goethe schrieb: »Was du ererbt von deinen Vätern hast, erwirb es, um es zu besitzen.«[43]

Leider versäumen viele junge Erwachsene, die große Summen geerbt haben, ihr Erbe wirklich zu »besitzen«. Sie achten es kaum oder verschleudern es nach Gutdünken.

Wie also können Eltern verantwortungsvoll mit dem Erbe für ihre Kinder und Enkel umgehen? Handelt es sich um vergleichsweise kleine Beträge, ist die Sache relativ einfach. Obwohl es auch hier wichtig ist, ein Testament aufzusetzen und festzulegen, wer was erhalten soll. Wo ein größeres Vermögen vorhanden ist, wird die Aufteilung des Erbes komplizierter. In den reichen westlichen Ländern haben heute viele Eltern Werte von mehreren hunderttausend Dollar angesammelt und machen sich Gedanken, wie sie sie verantwortungsvoll weitergeben sollen. Deshalb hier einige Anregungen, die eine Hilfe sein können. Zunächst möchten wir Ihnen Familie Sanders vorstellen, die sich zu diesem Thema ebenfalls Gedanken gemacht hat.

Die Strategie der Familie Sanders

Ben und Rita Sanders waren vierundvierzig Jahre verheiratet und hatten drei verheiratete Kinder und mehrere Enkel. Sie wohnten zunächst weiter in dem großen Haus, in dem sie auch die Kinder großgezogen hatten. Ein paar Jahre nach der Pensionierung beschlossen sie, etwas zurückzuschrauben, ein kleineres Haus zu kaufen und auch einige der Möbel loszuwerden. Sie besprachen die Sache mit den Kindern und fragten, ob eines von ihnen das Haus kaufen wolle. Das war nicht der Fall, und so verkauften sie und suchten sich etwas Passenderes. Dann überlegten sie, welche Möbel sie weggeben wollten, und ließen sie schätzen.

Sie luden die drei Kinder ein und ließen sie aussuchen, was sie von den Möbeln haben wollten. Dabei galt Folgendes: Jedes Kind sollte für etwa den gleichen Betrag auswählen. Bekam ein Kind mehr, so hatte es den anderen den Differenzbetrag zu zahlen. Alle

Kinder mussten der jeweiligen Wahl der anderen zustimmen. Wenn zwei oder alle drei dasselbe Teil wollten, hatten sie es zu ersteigern, so dass es im Wert stieg. Am Ende des Tages waren Ben und Rita froh, dass alle drei Kinder mit der Wahl der anderen einverstanden und zufrieden waren mit dem, was sie bekommen hatten.

Das Vorgehen half, Missverständnisse und Ärger unter den Kindern zu vermeiden. Sauber durchdachte finanzielle Vereinbarungen sind fair und gerecht. Sie fördern reifes Verhalten und helfen, die Beziehung unter den Familienmitgliedern nicht zu gefährden.

Nach dem Umzug in das kleinere Haus machten Ben und Rita sich daran, ihre finanzielle Lage zu ordnen, und stellten dabei fest, dass sie Aktien und Obligationen im Wert von mehreren hunderttausend Dollar besaßen. Da die jungen Familien das Geld jetzt besser brauchen konnten als später, sprachen sie mit ihrem Steuerberater und fanden heraus, dass jeder Elternteil aufgrund der Steuergesetze jedem Kind pro Jahr bis zu 10 000 Dollar und dem Ehepartner noch einmal 10 000 Dollar als steuerfreies Einkommen schenken durfte. So konnten sie jedem Paar pro Jahr 20 000 Dollar geben.[44]

Sie beschlossen daraufhin, das zu tun. Damit verringerte sich ihr Vermögen um 300 000 Dollar. Sie erklärten den Kindern, dass sich damit auch ihr Erbe verkleinerte. Außerdem rieten sie ihnen, darüber nachzudenken, ob sie das Geld für die Ausbildung der Enkel zur Seite legen wollten, überließen es aber letztlich den Kindern, was sie damit anfangen wollten. Sie brachten so ihr Vermögen auf einen Gesamtwert von weniger als 600 000 Dollar, was bedeutete, dass keine Erbschaftssteuer fällig werden würde, falls sie in den nächsten fünf Jahren starben.

Nach Ablauf der fünf Jahre hatten ihre Aktien an Wert gewonnen, und sie beschlossen deshalb, mit noch einmal 300 000 Dollar eine Familienstiftung einzurichten, deren Kapitalgewinne und Dividenden für das Studium der Enkel genutzt werden sollten.

Außerdem erhielt jedes der Enkelkinder für ein Studium denselben Betrag. Was vom Stiftungskapital übrig blieb, sollte für die Ausbildung der Urenkel angelegt werden.

Gleichzeitig überarbeiteten Ben und Rita ihr Testament und informierten die Kinder darüber. Jeder bestimmte, dass bei seinem Tod der Ehepartner das gesamte Vermögen erben sollte. Nach ihrer beider Tod sollte folgende Aufteilung vorgenommen werden: 10 Prozent sollten an die Gemeinde gehen, die sie dreißig Jahre lang besucht hatten; je 10 Prozent an die Universitäten, an denen sie studiert hatten; 10 Prozent waren für ein Hilfswerk bestimmt, und die restlichen 60 Prozent sollten zu gleichen Teilen unter den drei Kindern aufgeteilt werden. Haushalt und persönlicher Besitz sollten nach derselben Methode unter den Kindern aufgeteilt werden wie bei der früheren Haushaltsauflösung. Das Haus sollte verkauft und der Erlös dem Vermögen zugeschlagen werden.

Dadurch, dass sie ihre Kinder über ihre Pläne unterrichteten, beugten sie Missverständnissen und späteren »Überraschungen« vor. Gleichzeitig zeigten sie damit, dass ihnen die Angelegenheit wichtig war. Die Kinder kamen an erster Stelle und wurden gleich behandelt. Jedes bekam 20 Prozent. Aber Ausbildung, Gemeinde und Hilfswerk waren auch wichtig und sollten je 10 Prozent erhalten.

Als Ben im Alter von neunundsiebzig starb, ging der gesamte Besitz an seine Witwe. Vier Jahre später war Ritas gesundheitlicher Zustand so schlecht, dass sie in ein Pflegeheim umzog. Sie bat die Kinder, ihr bei der Suche nach einer geeigneten Einrichtung und auch beim Verkauf des Hauses und all der Dinge, die sie in der neuen Umgebung nicht brauchen würde, zu helfen.

Sie setzte damit die Tradition fort, die sie mit ihrem Mann begonnen hatte, ihr materielles Erbe verantwortlich zu verwalten. Als sechs Jahre später auch Rita starb, ging die Aufteilung ihrem Testament entsprechend reibungslos vonstatten. Die Kinder waren sich klar darüber, was die Eltern über die Jahre hinweg für sie getan hatten, und nahmen das Erbe mit dankbarem Herzen an in der Hoffnung, sie würden ihre Finanzen mit genauso viel Geschick regeln können.

Vier Richtlinien fürs Vererben

Am Vorgehen der Sanders kann man lernen, welche Faktoren beim Umgang mit dem Erbe wichtig sind. Sie teilten ihr Vermögen fair und gerecht auf und brachten mit der Aufteilung auch zum Ausdruck, was ihnen persönlich wichtig war. In vier Bereichen erwiesen sie ihre Umsicht:

1. Sie wussten, dass sie den Kindern schon zu Lebzeiten Geld zukommen lassen konnten. Das ist unter steuerlichem Aspekt oft ein geschickter Zug und auch für die Familie eine Hilfe.
2. Sie wussten, wie wichtig es war, für die Entscheidungen einen Fachmann zu Rate zu ziehen. Steuerberater kennen sich mit den Steuergesetzen aus und können den Kunden mit ihren Hinweisen oft große Summen ersparen.
3. Sie wussten, dass Eltern den Kindern auf verschiedene Weise finanziell helfen können.
4. Sie wussten, wie wichtig es ist, ein Testament zu machen. Wer bei einem größeren Vermögen kein Testament abfasst, der überlässt es dem Staat, wie das Vermögen schließlich aufgeteilt werden soll.

Oft ist die finanzielle Lage so unübersichtlich, dass eine Familie die Hilfe des Experten braucht. Wenn zum Beispiel ein Kind körperlich behindert ist und besondere Betreuung nötig hat, wenn ein Kind geistig oder psychisch nicht in der Lage ist, mit Geld umzugehen, oder wenn es auf Abwege geraten ist, dann müssen Eltern so planen, dass die nötige Unterstützung gesichert und trotzdem ein kluger Umgang mit dem Erbe gewährleistet ist.

Erinnerungen

Positive Erinnerungen bleiben

Als Eltern hinterlassen wir unseren erwachsenen Kindern auch einen Schatz an Erinnerungen. In gewissem Sinne ist er das Einzige, was aus der Vergangenheit bleibt, und wir sollten alles daransetzen, unseren Kindern positive Erinnerungen zu verschaffen, die ihnen für die Zukunft Stütze und Halt sein können.

Dabei sind es nicht einmal die gemeinsamen Unternehmungen selbst, die im Nachhinein Bedeutung gewinnen, sondern das, was wir dabei empfunden haben. Die wichtigsten Gefühle sind die, die uns im Alltag bewegen. Sie hinterlassen in unserem Langzeitgedächtnis den tiefsten Eindruck. Darum ist das Verhalten, das wir Eltern langfristig zeigen, das, was wirklich zählt. Es ist ganz entscheidend, dass wir Familienmitgliedern höflich, respektvoll, freundlich und in Liebe begegnen. Zorn, Kritik, Härte und laute Worte sollten wir dagegen soweit wie möglich vermeiden. Sicher, wir alle machen Fehler. Aber wenn wir mit uns selbst ehrlich sind, können wir sie erkennen und uns bemühen, unser Verhalten zu ändern.

Charakter und Integrität

Wir möchten gern, dass unsere Kinder über diese beiden Eigenschaften verfügen. Doch worum handelt es sich dabei? Charakter ist die Summe all dessen, was wir unserem innersten Wesen nach sind. Was wir denken und fühlen, welche Meinung wir vertreten, was in unserem Verhalten zum Ausdruck kommt.

Integrität ist ein Teil unseres Charakters und zeigt sich am deutlichsten in drei Verhaltensweisen:
- dass wir die Wahrheit sagen,
- dass wir Versprechen halten und
- dass wir für unser Verhalten die Verantwortung übernehmen.

Das gelingt uns nicht immer und überall, aber wir sollten deshalb nicht aufgeben. Wir können Wiedergutmachung leisten, wenn es nötig ist. Wir können um Verzeihung bitten und uns korrigieren.

Ein Nebenprodukt eines guten Charakters ist die Beständigkeit, die wir vermitteln, wenn wir über Jahre hinweg kluge Entscheidungen getroffen und ein besonnenes Wesen gezeigt haben. Kinder beobachten, wie ihre Eltern sich in schwierigen Zeiten verhalten, und sie lernen von dem, was sie sehen. Wo Eltern ein solches Vermächtnis hinterlassen, da werden die erwachsenen Kinder, wenn sie selbst Probleme haben, sich fragen: »Was würden Mama und Papa jetzt tun? Was würden sie darüber denken? Wen würden sie um Rat fragen? Wie lange würden sie sich für die Entscheidung Zeit lassen? Wie würden sie beten? Wie würden sie wissen, wann die Entscheidung reif ist?«

Das vielseitige Vermächtnis, das wir unseren Nachkommen hinterlassen, hat seinen Kern in unserem Charakter und unserer Integrität. Sie haben den größten Einfluss darauf, wie unsere Kinder und spätere Generationen sich an uns erinnern werden. Nachrufe aus früheren Zeiten sprachen oft vom Charakter des Verstorbenen. Doch auch wenn die heutigen Todesanzeigen nur selten etwas darüber verraten, ob jemand freundlich, bescheiden oder großzügig war, die Charaktereigenschaften eines Menschen sind heute noch genauso wichtig wie damals, als unsere Großeltern jung waren.

Kaum etwas kann ein Kind tiefer verletzen, als wenn es die Eltern dabei beobachten muss, wie sie sich über die Werte, die sie ihm beigebracht haben, plötzlich selbst hinwegsetzen. Oft ist das ein Schlag, von dem sich das Kind sein ganzes Leben lang nicht mehr erholt. Häufigstes Beispiel sind die vielen Scheidungen nach langer Ehe, weil jemand, der bislang ein guter Ehepartner, ein guter Vater oder eine gute Mutter war, auf einmal beschließt, er brauche etwas Neues. Das ist inzwischen so weit verbreitet, dass man es schon für normal hält. Ein anderes Phänomen, das ebenfalls im Zunehmen begriffen ist, sind die älteren Menschen, die unverheiratet zusammenleben.

Mildred, eine achtundsechzig Jahre alte Witwe, schockierte ihre Tochter damit, dass sie mit einem sechsundsechzigjährigen Witwer zusammenzog. »Ich bin mir nicht sicher, ob ich ihn liebe«, sagte sie. »Aber ich bin gern mit ihm zusammen, und wir sparen so beide eine Menge Geld. Wenn die jungen Leute das können, warum sollten wir es nicht auch tun?«

»Weil du meine Mutter bist«, erwiderte ihre fünfundvierzigjährige Tochter. »Was meinst du, was für ein Beispiel du Jennifer und Tina damit bist? Ich kann es nicht fassen. Sind dir deine Enkelinnen denn völlig egal?«

Mildreds Verhalten stand im Gegensatz zu dem, was sie ihrer Tochter, als sie jung war, beigebracht hatte. Ja, Mildred hatte junge Paare, die unverheiratet zusammenlebten, sogar selbst häufig kritisiert. Mildred läuft Gefahr, die Achtung der Menschen zu verlieren, die ihr eigentlich am meisten am Herzen liegen.

Es ist nicht leicht, den eigenen Überzeugungen über die Jahre hinweg treu zu bleiben. Das gilt besonders, wo von uns Opfer verlangt werden, und das ist immer wieder der Fall. Doch Gott sei Dank gibt es auch heute noch Menschen, die sich ein Leben lang ihrer Verantwortung bewusst sind, die bereit sind, ihre eigenen Wünsche um derer willen, die ihnen anvertraut sind, zurückzustellen.

Unsere Gesellschaft hält nicht viel von Opferbereitschaft, von Prinzipientreue, von Wahrheitsliebe oder dem Einhalten von Versprechen. In einer solchen Umgebung brauchen wir echte Charakterstärke und viel Unterstützung, wenn wir ein rechtschaffenes Leben führen wollen.

Doch auch wenn die Gesellschaft Menschen, die ihren Überzeugungen treu sind, kaum zu schätzen weiß, Ihre Kinder und Enkel wissen es sehr wohl.

Die Macht des Gebets

Noch ein Element sollten wir kurz erwähnen, das auf unsere erwachsenen Kinder einen entscheidenden Einfluss haben kann – das Gebet. In den vergangenen Jahren haben Gesellschaftsforscher begonnen, die Macht des Gebets ernster zu nehmen. Zahlreiche Untersuchungen haben nachgewiesen, dass der Genesungsprozess unterstützt wird, wenn eine ärztliche Behandlung von Gebet begleitet wird.[45] Die Forscher entdecken, was der gläubige Mensch schon immer wusste – das Gebet kann Menschen und Dinge verändern.

In der christlichen Tradition setzt das Gebet die Existenz eines persönlichen, ewigen Gottes voraus, dem seine Schöpfung am Herzen liegt und der sie einlädt, seine Liebe zu erwidern. Christen glauben, dass er seine Liebe gezeigt hat, als er seinen Sohn, Jesus von Nazareth, auf die Erde sandte, damit er sich für die Sünden der Menschen opferte.[46] Es ist diese wechselseitige Beziehung der Liebe, in der viele die tiefste Erfüllung gefunden haben, die auch in ihre Familie hineinwirkt.

Das Erbe, das wir unseren Kindern hinterlassen, ist im Wesentlichen nicht materieller, sondern geistlicher Natur. Wenn wir täglich für sie beten, dann ist das ein lebendiges Vermächtnis, das ihr Verhalten nicht nur jetzt, sondern bis weit in die Zukunft hinein prägen kann. Eltern, die beten, bekommen nicht nur Weisheit, sondern sie können selbst viel bewirken.

Dem amerikanischen Patrioten Patrick Henry war es ein Anliegen, in seinem Testament auch seinem Glauben Ausdruck zu geben. Er schrieb:

Ich habe nun meinen ganzen Besitz meiner Familie vermacht. Doch da ist noch etwas, was ich ihnen gern geben würde, und das ist der Glaube an Jesus Christus. Wenn sie ihn haben, dann sind sie reich, selbst wenn ich ihnen keinen Pfennig hinterlasse. Und wenn ich ihnen den Glauben nicht gegeben hätte, dafür aber die ganze Welt, dann wären sie dennoch arm.[47]

Seien Sie dankbar, dass Sie Ihr Vermächtnis – das moralische, das geistliche, das seelische und das materielle – an Ihre Kinder weitergeben dürfen, und freuen Sie sich, wenn Sie miterleben dürfen, wie Ihre Kinder erwachsen werden und Ihrem Vermächtnis entsprechend leben. Sie müssen ihr eigenes Leben leben, aber Sie können trotzdem einen guten Einfluss ausüben. Durch Ihren Charakter und Ihre Integrität können Sie ihnen ein positives Beispiel geben. Und wenn Sie beten, können Sie selbst Frieden finden und das geistliche Leben Ihrer Kinder prägen. Erwachsenen Kindern zur Seite zu stehen, ist oft eine Herausforderung. Aber was Sie an Ihren Kindern tun, kann ihnen zum Segen werden, der sich bis in die folgenden Generationen hinein fortsetzen kann.

ANMERKUNGEN

1. Bob Filipezak, »It's Just a Job: Generation X at Work«, *Training* 31 (April 1994), S. 4.
2. Wir beschäftigen uns in diesem Buch vor allem mit der Gruppe der Achtzehn- bis Fünfunddreißigjährigen (und zum Teil auch mit den Sechzehn- und Siebzehnjährigen, die kurz vor dem Eintritt ins Erwachsenenalter stehen). Manches, was gesagt wird, hilft sicher auch, die älteren erwachsenen »Kinder« von Ende dreißig oder Anfang vierzig besser zu verstehen. Schwerpunkt sind aber jene jungen Erwachsenen, die zur Generation X gehören, also zwischen 1965 und 1983 zur Welt kamen. Die Bezeichnung grenzt sie ab von der besser bekannten und größeren Generation der Babyboomer, die zwischen 1946 und 1964 geboren wurden. Auch wenn es etwas gewollt und unfair scheinen mag, alle Angehörigen der Generation X in einen Topf zu werfen, die jungen Leute zeigen in vielen Dingen ein so übereinstimmendes Verhalten, dass eine solche Einteilung gerechtfertigt erscheint.
3. Zitiert nach: Marcia Mogelonsky, *American Demographics* (Mai 1996), S. 27.
4. Ebd., S. 30
5. Kim McAlister, »The X Generation«, *HR Magazine* 39 (Mai 1994), S. 21.
6. John Hawkins, »Today's Twenty-Somethings: The Search for the Way Back Home«, *Positive Impact* (Dezember 1995), S. 2.
7. Larry V. Stockman und Cynthia S. Graves, *Grown Up Children Who Won't Grow Up*, Rocklin (Ca.) 1994, S. 24.
8. Gott wird oft als Vater dargestellt, und die Bibel zeigt, dass er das mitfühlende Herz eines Vaters hat. Siehe Psalm 103,13-15; Lukas 15,20-24; 2. Korinther 1,3-4.
9. Siehe zum Beispiel Josua 2,14-15; Apostelgeschichte 7,37-42.
10. Siehe 2.Thessalonicher 3,10.
11. Sprüche 18,21.
12. Valerie Werner, *The Nesting Syndrome*, Minneapolis 1997, S. 45.
13. Ebd., S. 47.
14. Judith Martin, »Adult Children and Parents Can Live Happily Together«, *The South Bend Tribune*, 22. März 1998.
15. Ebd.
16. Die klassische Beschreibung und Anwendung von »Ich«-Botschaften bei Meinungsverschiedenheiten findet sich in Thomas Gordons *Familienkonferenz*. Jetzt als: *Die neue Familienkonferenz. Kinder erziehen ohne zu strafen*, München, 6. Aufl. 1997.
17. Edwin L. Klingelhofer, *Coping with Your Grown Children*, Clifton, N. J., 1989, S. 187.
18. Vgl. dazu z.B. die Homepage des Blauen Kreuzes unter *www.blaueskreuz.de*
19. Amar N. Bhandary u.a., »Pharmacology in Adults with ADHD«, *Psychiatric Annals 27*, Nr. 8 (August 1997), S. 545.
20. Paul Wender, »Attention Deficit Disorder in Adults«, *Psychiatric Annals 27*, Nr. 8 (August 1997), S. 561.
21. 1. Korinther 6,9+11.

[22] Auch wenn drei Studien vom Anfang der 1990er Jahre »nahe zu legen schienen, dass Homosexualität genetisch bedingt ist«, schloss ein Bericht in *Newsweek:* »Es handelte sich um kleine Studien, deren Folgerungen mit Vorsicht zu genießen sind ... Die Ergebnisse haben keinerlei Widerhall in der Forschung erfahren.« John Leland und Mark Miller, »Can Gays ›Convert‹?«, *Newsweek,* 17. August 1998, S. 47.

[23] Römer 3,23.

[24] Johannes 8,7.

[25] Siehe 1. Petrus 2,24; Römer 8,1.

[26] Del DeHart, »Letters to the Editor«, *Today's Christian Doctor,* Sommer 1997, S. 4.

[27] Die Bibel fordert Männer und Frauen, denen es an Weisheit fehlt, auf, dafür zu beten, und verheißt uns Frieden, wenn wir beten. Siehe z.B. Jakobus 1,5 und Philipper 4,6-7.

[28] Elizabeth Gleick, »With an Exit Gate from Heaven«, *Time,* 7. April 1997, S. 28-36.

[29] Arthur Kornhaber und Kenneth Woodward, *Grandparents/Grandchildren: The Vital Connection,* New Brunswick, N. J., 1991.

[30] Sprüche 17,6.

[31] Matthäus 20,28.

[32] Schritte 2 und 3 des Programms der Anonymen Alkoholiker.

[33] Gottes Gerechtigkeit, Fürsorge und Verständnis werden an verschiedenen Stellen der Bibel betont, z.B. in 2. Mose 34,6; Psalm 75,2; 1. Petrus 2,24; 5,7.

[34] Matthäus 6,12. In Epheser 4,32 werden die Christen aufgefordert, einander zu vergeben, »wie Gott euch durch Christus vergeben hat«.

[35] Der Apostel Johannes schrieb: »Wenn wir aber unsere Sünden bereuen und sie bekennen, dann dürfen wir darauf vertrauen, dass Gott seine Zusage treu und gerecht erfüllt: Er wird unsere Sünden vergeben und uns von allem Bösen reinigen« (1. Johannes 1,9). An diesem Punkt können die Eltern die Vergebung von Gott und dann auch von ihrem erwachsenen Kind annehmen.

[36] Shauna L. Smith, *Making Peace with Your Adult Children,* New York 1991, S. 241.

[37] Barbara Smalley, »How to Think the Stress Away!«, *Woman's World,* 23. Juni 1998, S. 27.

[38] Michael V. Bloom, »Leaving Home: A Familiy Transition« in: Jonathan Bloom-Fleshbach und Sally Fleshbach, *The Psychology of Separation and Loss: Perspective and Development, Life Transition and Clinical Practice,* San Francisco 1987. Die fünf Phasen werden in: Larry V. Stockman, *Grown-Up Children Who won't Grow Up,* Rocklin, Calif., 1990, S. 55, ausführlich behandelt.

[39] Der vollständige Vers lautet: »Gewöhne einen Knaben an seinen Weg, so lässt er auch nicht davon, wenn er alt wird« (Sprüche 22,6) und stammt von Salomo.

[40] Es handelt sich im Wesentlichen um eine Zusammenfassung der Kapitel 2-6 aus unserem Buch *Die fünf Sprachen der Liebe für Kinder. Wie Kinder Liebe ausdrücken und empfangen,* Marburg, 5. Aufl. 1999.

[41] Psalm 127,3; 103,7. Andere Verse, die Hoffnung machen, finden sich in Psalm 112,2; 138,8; Jesaja 44,3-5; 54,13 und Jeremia 31,17.

[42] Sprüche 13,22.

[43] J.W. v. Goethe, *Faust,* Der Tragödie erster Teil, Szene »Nacht«.

⁴⁴ In der Bundesrepublik gibt es ebenfalls Steuervergünstigungen bei Schenkungen innerhalb der Familie. Finanzämter und Steuerberater können Ihnen genaue Auskünfte dazu erteilen.

⁴⁵ Eine Studie von 1988 wies zum Beispiel nach, dass bei Patienten, für die gebetet wurde, in der Genesungsphase weniger Komplikationen auftraten. Eine Untersuchung aus dem Jahr 1998 belegt, dass das Risiko, unter Bluthochdruck zu leiden, bei Menschen, die den Gottesdienst besuchen und einmal am Tag in der Bibel lesen oder beten, um 40 % seltener auftritt als bei der übrigen Bevölkerung. Siehe: Robert Davis, »Prayer Can Lower Blood Pressure«, *USA Today,* 11. August 1998, 1D. Eine Zusammenfassung verschiedener Forschungsprojekte findet sich in: Malcolm McConnell, »Faith Can Help You Heal«, *Reader's Digest,* Oktober 1998, S. 109-113.

⁴⁶ Siehe Römer 5,8 und 1. Johannes 4,19.

⁴⁷ Zitiert nach: Billy Graham, *Facing Death and the Life After,* Minneapolis 1987, S. 31.